永远的袁隆平

报道与评论

中共湖南省委宣传部 主编

湖南人民出版社·长沙

本作品中文简体版权由湖南人民出版社所有。
未经许可，不得翻印。

图书在版编目（CIP）数据

永远的袁隆平 / 中共湖南省委宣传部主编．—长沙：湖南人民出版社，2022.1（2024.8）

ISBN 978-7-5561-2819-8

Ⅰ. ①永… Ⅱ. ①中… Ⅲ. ①袁隆平（1930-2021）—生平事迹 Ⅳ. ① K826.3

中国版本图书馆 CIP 数据核字（2022）第 019341 号

YONGYUAN DE YUAN LONGPING
永远的袁隆平

主　　编	中共湖南省委宣传部
责任编辑	吴向红　吴韬丽　唐　艳　杨　纯　贺　娅
装帧设计	杨发凯
责任印制	肖　晖
责任校对	丁　雯

出版发行	湖南人民出版社 [http://www.hnppp.com]
地　　址	长沙市营盘东路3号
邮　　编	410005
经　　销	湖南省新华书店

印　　刷	湖南天闻新华印务有限公司
版　　次	2022年1月第1版
印　　次	2024年8月第2次印刷
开　　本	710 mm × 1000 mm　1/16
印　　张	22.75
字　　数	253千字
书　　号	ISBN 978-7-5561-2819-8
定　　价	128.00 元

营销电话：0731-82221529　（如发现印装质量问题请与出版社调换）

习近平高度肯定袁隆平同志为我国粮食安全、农业科技创新、世界粮食发展作出的重大贡献，并要求广大党员、干部和科技工作者向袁隆平同志学习，强调我们对袁隆平同志的最好纪念，就是学习他热爱党、热爱祖国、热爱人民，信念坚定、矢志不渝，勇于创新、朴实无华的高贵品质，学习他以祖国和人民需要为己任，以奉献祖国和人民为目标，一辈子躬耕田野，脚踏实地把科技论文写在祖国大地上的崇高风范。

——《湖南日报》 2021 年 5 月 24 日

袁 隆 平

YUAN
LONGPING

学习袁隆平，
让科学家精神光耀湖湘大地

公元二〇二一年五月二十二日，"共和国勋章"获得者袁隆平院士逝世，人们以各种方式向这位人民科学家默哀、致敬。习近平总书记号召广大党员、干部和科技工作者学习袁隆平"热爱党、热爱祖国、热爱人民，信念坚定、矢志不渝，勇于创新、朴实无华的高贵品质"和"以祖国和人民需要为己任，以奉献祖国和人民为目标，一辈子躬耕田野，脚踏实地把科技论文写在祖国大地上的崇高风范"。

论文写在大地上，精神长留天地间。袁隆平尽管已经离我们而去，但他的科学成就镌刻在辽阔大地上，他的光辉名字印记在人民心坎上。袁隆平留给世间弥足珍贵的遗产，不仅体现为造福中国和世界的杂交稻研究成果，更体现为其身上折射出来的可贵的科学家精神。

何谓科学家精神？习近平总书记在2020年9月主持召开的科学家座谈会上指出，"科学家精神是科技工作者在长期科学实践中积累的宝贵精神财富";党中央出台的《关于进一步弘扬科学家精神 加强作风和学风建设的意见》明确提出,科学家精神是"胸怀祖国、服务人民的爱国精神""勇攀高峰、敢为人先的创新精神""追求真理、严谨治学的求实精神""淡泊名利、潜心研究的奉献精神""集智攻关、团结协作的协同精神""甘为人梯、奖掖后学的育人精神"。袁隆平一辈子潜心研究杂交稻,毕生扎根在稻田之间,以实际行动诠释了科学家精神的深刻内涵。响应习近平总书记号召,纪念和致敬袁隆平的最好方式,就是大力弘扬科学家精神,使之光耀三湘四水、烛照美好未来。

民以食为天。"世界上什么事最大?吃饭问题最大。"从年轻时义无反顾报考农学专业、下定决心"解决粮食增产问题,不让老百姓挨饿"起,袁隆平一生专注田畴,坚守杂交水稻研究半个多世纪,其孜孜以求的梦想是让所有人远离饥饿,其不懈探索的背后是胸怀天下、为国为民的情操。他以祖国和人民需要为己任,以奉献祖国和人民为目标,把爱国精神融于培育杂交水稻的科学追求之中,不仅破除了"21世纪,谁来养活中国人"的质疑,而且让杂交水稻技术惠泽世界上千千万万的人,被誉为"杂交水稻之父"。"心在最高处,根在最深处。"向袁隆平学习,就要坚定不移听党话、跟党走,把实现自身价值融入国家富强、民族复兴和湖南发展之中,从"国之大者"中找方向,从省之大计中找坐标,从民之大业中找落点。全省各行各业的劳动者像袁隆平一样,在平凡的岗位上干出不平凡的业绩，就能汇聚起奋力谱写新时代、坚持和发展中国特色社会主义湖南新篇章的磅礴力量。

不日新者必日退。科学家精神最鲜明地体现为敢为人先、攀登高峰的创新精神。在袁隆平的骨子里，永远澎湃着一往无前、永不言败的探索热情和奋斗豪情。他生前经常跟人说起"禾下乘凉梦""杂交水稻覆盖全球梦"，即为科学家创新精神的最好印证。从三系法到两系法，再到第三代杂交水稻，从亩产突破700公斤、800公斤到1100多公斤、1500多公斤，在潜心科研的道路上，没有什么可以阻挡袁隆平前进的脚步。直至生命的最后时光，袁隆平依然奔波于湖南、云南、海南、广东等地的试验田。马克思说，"在科学上没有平坦的大道，只有不畏劳苦沿着陡峭山路攀登的人，才有希望达到光辉的顶点"。向袁隆平学习，就要发扬科学家的创新精神，矢志不渝、勇于攻关，抓住科技自立自强这个战略支撑，瞄准国家战略需求以及我省产业发展制高点，着力攻克一批"卡脖子"关键技术，提高自主可控能力。湖南作为"杂交水稻的故乡"，要牢记习近平总书记的殷殷嘱托，为实现"中国饭碗任何时候都要牢牢端在自己的手上"作出更大贡献，坚持藏粮于地、藏粮于技，紧紧围绕湖南杂交稻、生猪、水产等优势物种抓好种业创新，培育更多优质新种，助力国家打好种业翻身仗，确保种业安全和粮食安全。当前，湖南正在着力打造"三个高地"、践行"四新"使命，每一个高地的打造、每一项使命的践行，须臾离不开创新创造的加持和赋能。我们要紧扣"三高四新"战略实施，以创新精神推进补短板、强弱项，持之以恒破除各类瓶颈问题。只有让一切创新源泉在湖湘大地充分涌流，让一切创造活力在湖湘大地竞相迸发，方能在大力实施"三高四新"战略的征程上不断攀登高峰、创造精彩。

"穷理以致其知，反躬以践其实。"科学家是真理的侍者，是事实的追随者。面对杂交水稻难题，袁隆平始终坚持一切从实际出发，依据事实、发现真理、验证真理伴随其一生。这种求实精神，体现在他冲破经典遗传学束缚，在国内率先开展水稻雄性不育研究上；体现在他从选种、试验、失败，到再选种、再播种、再观察的不懈探索中；体现在他挽起裤管、行走于阡陌稻田的串串脚印里。正如袁隆平自己所说，电脑里长不出水稻，书本里也长不出水稻，要种出好水稻必须得下田。袁隆平是泥土里刨出来的人民科学家，"不在家就在试验田，不在试验田就在去试验田的路上"为其驻留世间的伟岸形象。向袁隆平学习，就要学习他的求实精神，把求真务实、真抓实干作为自觉追求。从湖南来讲，"三高四新"战略怎么落到具体项目上？长株潭一体化怎么推？扩大内需的突破口在哪里？怎样抓大保小、激发市场主体活力？如何真正把实事办到群众心坎上？这些都需要坚持实事求是、因地制宜、精准施策，一项一项认真谋划、抓好落实。全省广大党员干部要大力发扬科学家的求实精神，不慕虚荣、不务虚功、不图虚名，察真情、说实话、出真招、办实事、下真功、求实效，紧盯战略目标、狠抓战略执行，脚踏实地推动各项工作落地见效，努力把习近平总书记为湖南擘画的宏伟蓝图变成美好现实。

袁隆平经常说，"人除了吃饱肚子，还需要一股子精神""如果老想着享受，哪有心思搞科研"。袁隆平诠释的科学家精神，也体现为淡泊名利、济世育人、德艺双馨的崇高精神风范。这位"看上去更像农民"的科学家，一生朴实无华，深藏功与名。讲奉献，倾其一生为民谋稻粱，心无旁骛、矢志不渝，把全部心血和智慧献给了党和人民，在生命最后时刻脱口而出的仍是询问水稻的生长情况；他一辈子燃烧自己、烛照后学，注重培养杂交水稻科研人才，捐出奖金设立科研基金和农业科技奖励基金，展示出了熠熠生辉的道德力量和人格魅力。其留下的精神财富，将为全省人民奋斗"十四五"、奋进新征程提供丰沛道德滋养和精神力量。

"繁霜尽是心头血，洒向千峰秋叶丹。"站在"两个一百年"的历史交汇点上，我们学习袁隆平，就是要继承和发扬他的优秀品格和崇高风范，自觉践行和大力弘扬科学家精神，砥砺"越是艰险越向前"的勇毅担当，激扬"喜看稻菽千重浪，遍地英雄下夕烟"的创造豪情，不断推动实施"三高四新"战略、建设现代化新湖南迈出新步伐，见到新气象。

目录

001　袁隆平写给母亲的信：稻子熟了，妈妈，我来看您了

赤子远行
YUAN LONGPING

007　袁隆平逝世 / 新湖南客户端

009　"杂交水稻之父"袁隆平院士逝世 / 央视《新闻联播》

010　送别袁隆平：袁爷爷，一路走好 / 刘曼　刘双双　唐小晴

014　明天，来这里送他一程 / 周勉　白田田　周楠　刘良恒　帅才　崔俊杰

019　一曲未了，泪流满面 / 周可　和婷婷　郭文雯

024　袁爷爷，我们永远怀念您！——各界人士自发有序悼念袁隆平
　　　/ 湖南卫视《湖南新闻联播》

026　各地群众悼念袁隆平 / 湖南广播传媒中心

032　特写：送别袁隆平 / 袁汝婷　刘芳洲　周勉

036　花雨热泪洒星城——各地群众长沙送别袁隆平院士
　　　/ 段涵敏　冒蕻　王铭俊　周阳乐

040　袁隆平同志遗体送别仪式在长沙举行 / 湖南卫视《湖南新闻联播》

045　袁隆平同志逝世 /《人民日报》

047　一座城送别一个人 / 柴归

050　外交部：袁隆平院士不仅属于中国，也属于世界 / 马卓言　孙楠

052　世界粮食奖基金会荣誉主席发文悼念袁隆平院士 / 高琳琳

056　一批外国驻华使领馆发来唁电悼念袁隆平院士 / 周帙恒

058　200多封唁电送别袁老：把功勋写在大地上
　　　　Bidding farewell to "father of hybrid rice" / CHINADAILY

064　"今天哀悼一位真正的粮食英雄" / 王华

067　外媒和网友纷纷悼念袁隆平：谢谢您，养活了这个世界……
　　　/ 中国日报双语新闻

076　袁隆平逝世　国外网友自发悼念 / 中国新闻网

YUAN LONGPING 山河长忆

081　"杂交水稻之父"袁隆平院士——一稻济世　万家粮足 / 杜若原　孙超

085　他把杂交水稻成就归功于所有"良人" / 周勉　白田田　袁汝婷　周楠

089　他不是"米菩萨",他是人民的科学家!／谭剑

095　痛别!中国"杂交水稻之父"袁隆平逝世／央视新闻客户端

102　追忆袁隆平:义无反顾跳进"农门",他是稻田里的"追梦人"
　　　　／郭静　刘黎　姜文婧

110　归去来兮　红莓花开——追记袁隆平的音乐情缘／周勉　刘良恒

113　一辈子都热爱运动
　　　　——"杂交水稻之父"袁隆平深切的体育情缘／周勉

118　袁隆平,他心底的五个人生"头条"／周楠　白田田　周勉

125　袁隆平在海南的最后时光／黄媛艳　徐慧玲

132　追忆"杂交水稻之父"袁隆平:敬业、乐观、勤俭、和蔼
　　　　／唐小晴　刘曼

137　"身边人"忆袁隆平:20元一件的衬衣穿着都觉得好
　　　　／邓霞　白祖偕　刘曼

140　稻田老农　泽被苍生
　　　　——缅怀"杂交水稻之父"袁隆平／冯志伟　朱友芳

147　袁隆平:让饥荒成为遥远的记忆／参考消息网

153　"他把论文写在祖国大地上,写进人民的心中"
　　　　——湖南各地群众深情缅怀袁隆平院士／胡宇芬　苏原平

159 稻田追梦的科学巨擘
　　——追忆"杂交水稻之父"袁隆平院士之一 / 胡宇芬

166 心系苍生的大地赤子
　　——追忆"杂交水稻之父"袁隆平院士之二 / 左丹

173 终生求索的一代宗师
　　——追忆"杂交水稻之父"袁隆平院士之三 / 胡宇芬

179 深刻难忘的两次采访 / 李志林

182 袁隆平："湖南日记"里耀眼的星辰 / 周月桂　孟姣燕

200 袁隆平：一粒种子改变世界 / 湖南卫视《湖南新闻联播》

201 深切缅怀袁隆平　向"国之脊梁"致敬
　　/ 湖南卫视《湖南新闻联播》

204 袁隆平：发展杂交水稻　造福世界人民
　　/ 湖南卫视《湖南新闻联播》

206 低调是你，风趣是你——"身边人"忆袁隆平 / 和婷婷

210 禾下乘凉是袁老一生的追求 /《潇湘晨报》

精神永恒

219　送别袁隆平：禾下乘凉梦，一梦逐一生 / 袁汝婷　刘良恒　周勉

227　袁爷爷留下的这粒种子，我们如何传承
　　　/ 于文静　张泉　白田田　许舜达　陈凯姿

231　"守护粮食安全，是对他最好的纪念" / 李慧　张胜　龙军

236　这种力量，生生不息——送别袁隆平先生 /《经济日报》

239　送别袁老的队伍里，有青年最好的样子 / 杨兴东

241　胡湘平：一粒伟大的种子 / 湖南卫视《湖南新闻联播》

243　牢记嘱托　接续奋斗
　　　——学习袁隆平院士崇高风范　把科技论文写在祖国大地上
　　　/ 湖南卫视《湖南新闻联播》

245　师恩永难忘　薪火必相传——袁隆平院士学生眼中的恩师 / 周阳乐

248　奋斗，是最好的告慰 / 皮波

251　我们粉过的袁院士，永远年轻 / 杨兴东

253　碗中有粮　心中有您 / 万丽君

255　在稻田永远守望那颗星 / 鲁言

258　梳耙耧犁，他把一生浸在稻田里 / 王小川

261　致敬袁老①｜把论文写在大地上，让精神永驻天地间 / 许洪鑫

265　致敬袁老②｜此情可待成追忆，化作天上最亮星 / 王义正

274　致敬袁老③｜他把自己活成了你我的亲人 / 刘艳秋

YUAN LONGPING 新闻回望

281　新闻的星空，有一颗耀眼的"袁隆平星" / 蒋祖烜

289　一堂充满温情的"大思政课" / 湖南日报社

294　主流媒体与党心民意同频共振的完美案例 / 龚政文

299　亿万民众致敬袁老，已汇聚成中华民族伟大复兴的磅礴力量
　　　　/ 舒斌

302　以朴素的力量，告慰禾下乘凉梦
　　　——袁隆平逝世报道中的"国社品格" / 袁汝婷

306 稻香泽被华夏　英雄本是老农
　　——以光明特色、人文温度致敬袁隆平院士 / 禹爱华

309 传播大师伟业风范　致敬袁隆平院士！ / 胡宇芬

312 大地赤子，德泽人间——记袁隆平最后的时光 / 张谊

316 把作品写在大地上，是对袁老最深沉的致敬 / 曾鹏辉

320 一篇"用情"的独家报道——《30万群众现场悼念袁老　鲜花装满32卡车 | 明阳山72小时》成型之路 / 肖依诺

323 永远铭记，让一粥一饭倍思量
　　——潇湘晨报送别袁隆平报道稳得住、出得彩、传得开 / 康漫军

327 动情讲述各界缅怀袁隆平院士的故事 / 易思含

331 "播下稻种"刷屏背后，是制作团队的深情送别 / 陈彦

335 在重大突发事件中挖掘典型报道的突围路径 / 程放军

340 "致敬袁隆平"新闻报道的特色 / 徐新平

343 后　记

袁隆平(左)和母亲

袁隆平写给母亲的信：
稻子熟了，妈妈，我来看您了

稻子熟了，妈妈，我来看您了。

本来想一个人静静地陪您说会话，安江的乡亲们实在是太热情了，天这么热，他们还一直陪着，谢谢他们了。

妈妈，您在安江，我在长沙，隔得很远很远。我在梦里总是想着您，想着安江这个地方。

人事难料啊，您这样一位习惯了繁华都市的大家闺秀，最后竟会永远留在这么一个偏远的小山村。还记得吗？1957年，我要从重庆的大学分配到这儿，是您陪着我，脸贴着地图，手指顺着密密麻麻的细线，找了很久，才找到地图上这么一个小点点。当时您叹了口气说："孩子，你到那儿，是要吃苦的呀……"

我说："我年轻，我还有一把小提琴。"

没想到的是，为了我，为了帮我带小孩，把您也拖到了安江。最后，受累吃苦的，是妈妈您哪！您哪里走得惯乡间的田埂！我总记得，每次都要小孙孙牵着您的手，您才敢走过屋前屋后的田间小道。

安江是我的一切，我却忘了，对一辈子都生活在大城市里的您来说，70岁了，一切还要重新来适应。我从来没有问过您有什么难处，我总以为会有时间的，会有时间的，等我闲一点一定好好地陪陪您……

哪想到，直到您走的时候，我还在长沙忙着开会。那天正好是中秋节，全国的同行都来了，搞杂交水稻不容易啊，我又是召集人，怎么着也得陪大家过这个节啊，只是儿子永远亏欠妈妈您了……

其实我知道，那个时候已经是您的最后时刻。我总盼望着妈妈您能多撑两天。谁知道，即便是天不亮就往安江赶，我还是没能见上妈妈您最后一面。

太晚了，一切都太晚了，我真的好后悔。妈妈，当时您一定等了我很久，盼了我很长，您一定有很多话要对儿子说，有很多事要交代。可我怎么就那么糊涂呢！这么多年，为什么我就不能少下一次田，少做一次实验，少出一天差，坐下来静静地好好陪陪您。哪怕……哪怕就一次。

妈妈，每当我的研究取得成果，每当我在国际讲坛上谈笑风生，每当我接过一座又一座奖杯，我总是对人说，这辈子对我影响最深的人就是妈妈您啊！

无法想象，没有您的英语启蒙，在一片闭塞中，我怎么能够阅读世界上最先进的科学文献，用超越那个时代的视野，去寻访遗传学大师孟德尔和摩尔根？无法想象，在那段颠沛流离的岁月中，从北平到汉口，从桃源到重庆，没有您的执著和鼓励，我怎么能获得系统的现代教育，获得在大江大河中自由翱翔的胆识？无法想象，没有您在摇篮前跟我讲尼采，讲这位昂扬着生命力、意志力的伟大哲人，我怎么能够在千百次的失败中坚信，必然有一粒种子可以使万千民众告别饥饿？

他们说，我用一粒种子改变了世界。我知道，这粒种子，是妈妈您在我幼年时种下的！

稻子熟了，妈妈，您能闻到吗？安江可好？那里的田埂是不是还留着熟悉的欢笑？隔着21年的时光，我依稀看见，小孙孙牵着您的手，走过稻浪的背影；我还要告诉您，一辈子没有耕种过的母亲，稻芒划过手掌，稻草在场上堆积成垛，谷子在阳光中毕剥作响，水田在西晒下泛出橙黄的味道。这都是儿子要跟您说的话，说不完的话啊……

妈妈，稻子熟了，我想您了！

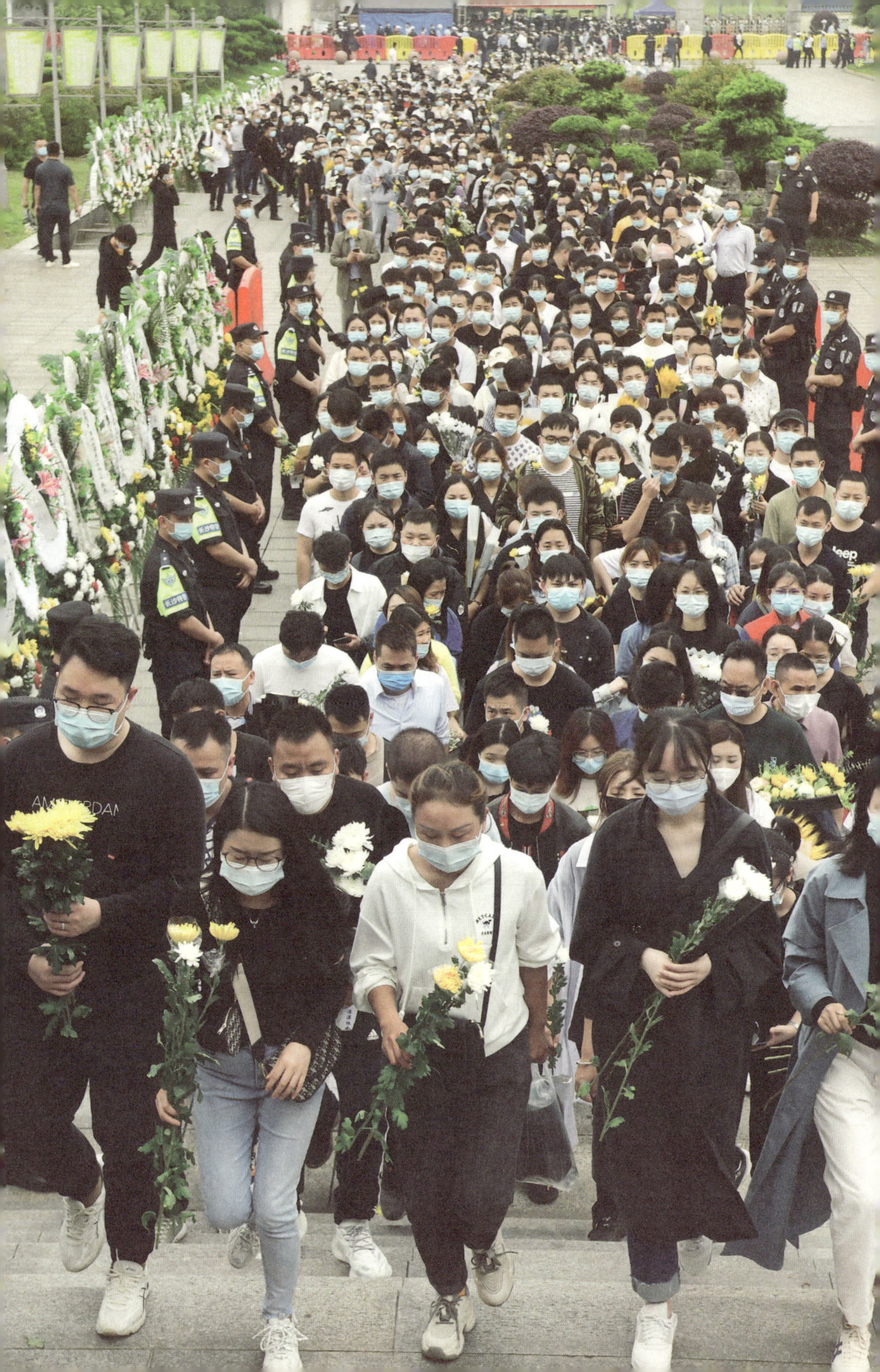
Jeep

赤子远行

YUAN
LONGPING

袁隆平逝世

"共和国勋章"获得者、中国工程院院士、国家杂交水稻工程技术研究中心主任、湖南省政协原副主席袁隆平，因多器官功能衰竭，于 2021 年 5 月 22 日 13 时 07 分在长沙逝世，享年 91 岁。

袁隆平是我国研究与发展杂交水稻的开创者，也是世界上第一个成功地利用水稻杂种优势的科学家，被誉为"杂交水稻之父"。他冲破经典遗传学观点的束缚，于 1964 年开始研究杂交水稻，成功选育了世界上第一个实用高产杂交水稻品种"南优 2 号"。

杂交水稻的成果自 1976 年起在全国大面积推广应用，使水稻的单产和总产得以大幅度提高。20 多年来，他带领团队开展超级杂交稻攻关，分别于 2000 年、2004 年、2011 年、2014 年实现了大面积示范每公顷 10.5 吨、12 吨、13.5 吨、15 吨的目标。最新育成的第三代杂交稻叁优一号，2020 年作双季晚稻种植平均亩产达 911.7 公斤，加上第二代杂交早稻亩产 619.06 公斤，全年亩产达 1530.76 公斤，实现了周年亩产稻谷 3000 斤的攻关目标。

"发展杂交水稻，造福世界人民"是袁隆平毕生的追求。为了实现这一宏愿，他长期致力于促进杂交水稻走向世界。目前，杂交水稻已在印度、孟加拉国、印度尼西亚、越南、菲律宾、美国、巴西、马达加斯加等国大面积种植，年种植面积达 800 万公顷，平均每公顷产量比当地优良品种高出 2 吨左右。

袁隆平 1981 年获得国家发明特等奖，2001 年获得首届国家最高科学技术奖，2014 年获得国家科学技术进步特等奖，2018 年获"改革先锋"称号，2019 年被授予"共和国勋章"。他还相继获得联合国教科文组织"科学奖"等二十余项国内国际大奖。

新湖南客户端　2021 年 5 月 22 日

"杂交水稻之父"袁隆平院士逝世

"共和国勋章"获得者、中国工程院院士袁隆平因多器官功能衰竭今天13时07分在长沙逝世,享年91岁。袁隆平被誉为"杂交水稻之父",是世界上第一个成功利用水稻杂种优势的科学家。他于1964年开始研究杂交水稻,成功选育了世界上第一个实用高产杂交水稻品种,从1976年起在全国大面积推广应用,使水稻产量得以大幅度提高。20多年来,袁隆平带领团队开展超级杂交稻攻关,目前新育成的第三代杂交稻全年亩产达到1530.76公斤,杂交水稻现在已在印度、美国、巴西等国大面积种植。

央视《新闻联播》　2021年5月22日

送别袁隆平：
袁爷爷，一路走好

刘 曼　刘双双　唐小晴

这是一场突如其来的告别，却牵动了无数人的心。

2021年5月22日13时07分，91岁的"杂交水稻之父"袁隆平在长沙中南大学湘雅医院逝世。

消息一经传开，无数市民怀着沉痛的心情自发来到湘雅医院前坪，送别这位一生为了世界粮食安全奋斗在科研一线的科学家。

越来越多的人聚集在湘雅医院前坪和沿途道路，白色、黄色的小雏菊很快摆满了医院的前坪，穿着工作服的外卖小哥留下一束花又匆匆离开了，有人特意摆上了还带着泥土芬芳的水稻，缅怀这位大地的儿子。

下午4时许，天下着蒙蒙细雨，载着袁隆平院士遗体的灵车缓缓驶出湘雅医院，等候多时的民众有序地站在道路两侧，自发地反复高喊着："袁爷爷，一路走好！"

灵车缓缓前行，民众依依不舍，有人失声痛哭，有人跟随着车子一路奔跑。沿途车辆自发停下来，齐鸣喇叭，送老人"回家"。

"只是希望送袁老最后一程，感谢他为人类所作的突出贡献和为我们留下的宝贵精神财富。"35岁的长沙市民唐能跟随灵车一路跑、一路喊，直到看不到车辆。

4时50分许，灵车载着袁隆平回到了他工作数十载的湖南杂交水稻研究中心，回到了他心心念念的育种基地，缓缓绕行一周，与他最热爱的事业做最后的"告别"。

杂交水稻研究中心的展览馆里，陈列着一座"禾下乘凉梦"的雕塑。这是袁隆平一生的梦想，这一梦想随着不断高产的超级

2021年5月22日下午，运送袁隆平院士遗体的灵车从医院出发前往长沙明阳山殡仪馆，中途专程绕行他曾工作过的湖南杂交水稻研究中心及其居住地，市民手持横幅前来送别
杨华峰 摄

稻已成现实。

"这里是他一手建设起来的，这里有他生命所系的事业，有他的同事和学生，是他的牵挂。" 85岁的湖南杂交水稻研究中心研究员罗孝和慢慢地跟在车队后，不时用手抹泪。他与袁隆平共事50余年，前两天还曾去医院探望袁老。"看着他瘦了，略显疲倦，但没想到这么快。"

在罗孝和眼里，袁隆平知识渊博，工作中一直敢想敢干，常常废寝忘食，生活中也幽默风趣，两人经常一起下象棋。"他为杂交水稻事业奋斗了一辈子，造福了全世界。"

隆平高科国际培训学院前副院长黄大辉没有想到，昨晚与

2021年5月22日晚，长沙湘雅医院门口，许多群众自发前来为袁隆平院士献花悼念

袁老的见面竟然成了永别。跟随袁隆平工作30余年，黄大辉一直负责在海外推广种植杂交水稻。"杂交水稻刚开始在海外推广时容易受阻，袁院士就会鼓励我们，越是困难越要迎难而上。"

"杂交水稻覆盖全球"是袁隆平的另一个梦想。出生在饥荒年代的他，希望超级稻走出国门，帮助解决世界粮食短缺的问题。如今，杂交水稻已在印度、孟加拉国、越南、美国等国家大面积种植，年种植面积达到800万公顷。

黄大辉说，袁院士虽然离开了，但他开创的杂交水稻事业和科研精神还在。"我们将秉承他'发展杂交水稻　造福世界人民'的崇高理念继续努力。"

雨一直在下，灵车在夹杂着一声声"袁爷爷，一路走好""袁老师，一路走好"的哭声中驶离湖南杂交水稻研究中心，前往长沙明阳山殡仪馆。

生前，只要身体允许或没有出差，袁隆平都要去附近的试验田看看。"不从事杂交水稻，我的生活就没有意义了。"哪怕是在医院的最后时光，他也在牵挂试验田里的水稻。

此刻，袁老应该安心了。

中新社　2021年5月22日

明天,来这里送他一程

周 勉 白田田 周 楠 刘良恒 帅 才 崔俊杰

5月22日,湖南长沙,细雨凄迷,哀伤的情绪弥漫在城市上空。

尽管医院全力救治,尽管家人在床边唱着他喜欢的《红莓花儿开》等歌曲,期盼他能够睁开双眼,但最终还是没能迎来奇迹。

13时07分,"杂交水稻之父"、"共和国勋章"获得者、中国工程院院士袁隆平因病医治无效,在长沙与世长辞,享年91岁。

16时许,灵车缓缓驶出医院,路边聚集了闻讯前来送行的市民。路上的司机停下车辆鸣笛为他送行,人们把鲜花捧在胸前,悲恸地高呼:"袁爷爷,一路走好,一路走好!"

病危之际,每天都问天气挂念水稻

中南大学湘雅医院,病房里的橘色灯光下,合上双眼的袁老遗容安详平静,三个儿子给老人家盖上红绸毯。14时许,在家人的陪伴下,袁老的妻子邓则进入病房,她坐在一把椅子上,静静地陪着袁老的遗体,面容悲戚。

"老爷子没有留下遗言,但他还能讲话时,念念不忘的还

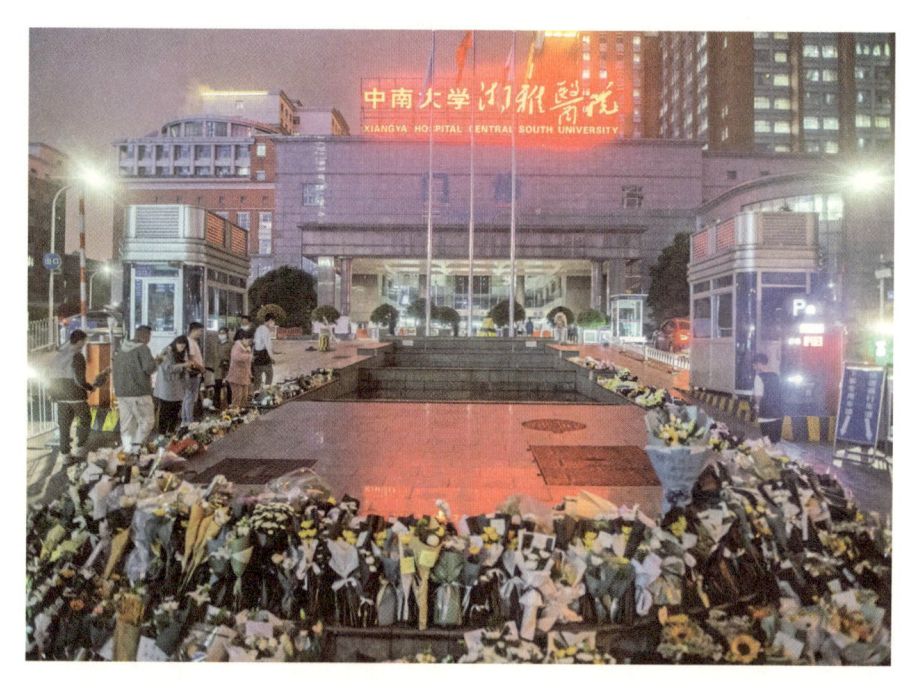

2021年5月22日晚，中南大学湘雅医院门口，许多群众自发前来为袁隆平院士献花悼念

是杂交水稻事业，希望弟子们把杂交水稻事业发展好，把杂交水稻推广好。"在中南大学湘雅医院的病房里，袁老的儿媳甘女士哽咽着告诉记者。

2021年3月，91岁高龄的袁老，在海南三亚南繁基地不慎摔了一跤，被紧急送至当地医院，4月初转回长沙接受治疗。

入院之初，袁老每天都要问医务人员："外面天晴还是下雨？""今天多少度？"

有一次，护士说28度。他急了，说道："这对第三季杂交稻成熟有影响！"

回忆当时的场景，一位医务人员忍不住哭泣道："他自己的身体那么不好了，还在时时刻刻关心他的稻子长得好不好。"

去世前两个月，还在杂交稻基地工作

2020年12月，袁老已满90岁高龄，尽管家人和同事担忧他的身体状况，但他还是像往年一样前往海南三亚南繁基地开展科研工作。

刚到三亚，袁老就主持召开了杂交水稻双季亩产3000斤攻关目标项目启动会。在湖南杂交水稻研究中心栽培生理生态室主任李建武拍摄的一段视频里，袁老说："我们在这个会议上把任务落实下来。"大家齐声说"好"，现场响起热烈的掌声。

2021年5月23日，长沙，来自全国各地的民众来到湖南杂交水稻研究中心献花悼念袁隆平院士

袁老每年都会到三亚南繁基地工作三四个月，身体状况好的时候，他几乎天天都会到田里，查看每亩穗数、谷粒大小、是否有空壳。

这次到三亚，因为腿脚不便，袁老不能经常下田，他就在住所拿起显微镜，仔细观察第三代杂交水稻种子，做详细记录。有一次，他担心一个科研活动组织得不好，没来得及通知秘书，就自己叫上司机，赶了过去，急得秘书和家人直跺脚。

身边的工作人员回忆，每天吃饭、散步、临睡前，袁老都在思考第三代杂交水稻的事情。

"少年，加油！"

袁老自称"90后"，虽然指的是超过90岁，但他的确和年轻人打成了一片。

在三亚，袁老和其他科研人员住一栋楼里，生活简朴。在工作之余，他会自己去逛超市。从超市回来，袁老经常会买些短袖衫、鞋子等物品送给年轻人。

2020年11月，湖南省衡阳市衡南县清竹村，第三代杂交水稻测产。好消息传到长沙，袁老兴奋地说起了英文："我觉得excited，more than excited。"

很快，这条新闻登上了热搜榜。人们说，袁隆平自带流量，是真正的"网红"。

2021年4月，同袁老共事了13年的李建武，在社交平台上发布了一条两人历年合影的短视频，点赞量超过40万。李建武写道："跟袁隆平院士一起的杂交水稻之路，少年，加油！"

5月22日，听到袁老去世的消息，湖南杂交水稻研究中心的不少同事正在长沙县的科研基地播种。前一天，他们刚刚根据袁老提出的产量目标，制订了具体的实施方案。

李建武对记者说，袁老是很多年轻人的"伯乐"，年轻一代科研工作者将传承他的精神，在杂交水稻事业上不断攀登高峰。

明天，来这里送他一程——袁隆平院士遗体送别仪式24日10时举行

"杂交水稻之父"、"共和国勋章"获得者袁隆平院士遗体送别仪式，将于2021年5月24日（星期一）上午10：00在湖南省长沙市明阳山殡仪馆铭德厅举行。

新华社　2021年5月23日

一曲未了，泪流满面

周　可　和婷婷　郭文雯

尽管袁隆平院士的遗愿是丧事从简，但今日一早，全国各地自发前来悼念袁隆平院士的群众，在长沙明阳山殡仪馆及湖南杂交水稻研究中心门前排起了长队。

人群中，耄耋之年的长者，双眼红肿，泪如雨下；行色匆匆的跑腿小哥，替客户献完鲜花后，深深鞠躬；扎着马尾的女学生，紧咬双唇，泪眼蒙眬；正给小孩讲解袁老生平的家长，几度哽咽无法言语……5月23日的长沙，霏霏细雨如同一层层密网，在人头攒动的上空编织思念。

哀别：一曲萨克斯还未吹完，他已泪流满面

5月23日，阴雨绵绵。一大早，长沙明阳山殡仪馆已陆续迎来前来悼念袁隆平院士的人群。凉凉的细雨轻轻地落在人们的身上，淋湿了一束束鲜花，每个人都神情肃穆，长长的队伍无声而有序，缓缓向悼念厅前行。

人群之中，一位失去双臂的年轻人在悼念厅前静默许久。他

叫罗小小，是怀化市志愿者协会的一名志愿者，3岁时因事故失去了双手，今年通过单招考上了怀化职业技术学院。面对记者的采访，罗小小一开口就红了眼睛。"怀化职业技术学院的前身就是袁隆平院士曾经工作过的安江农校，下半年我就要成为袁爷爷的小校友。"罗小小哽咽着说，"我想这是特殊的缘分，我一定要过来送他老人家一程，昨晚买了凌晨1点的火车票连夜从怀化赶来长沙。"说着说着，罗小小痛哭失声。

在悼念厅前满地的鲜花旁，缓缓传来一首萨克斯曲。从中南大学赶来的张同学，在安静的悼念现场，默默拿出萨克斯，对着满地的鲜花吹奏起来，一曲未了，已是泪流满面。"这是电影《太阳照常升起》的曲子，袁老在我们的心中也像是个温暖的太阳，我把这个曲子献给他……"张同学说。

2021年5月23日，长沙，来自全国各地的民众来到明阳山殡仪馆献花悼念袁隆平院士

哀悼：农大毕业的他，带来 12 束承载悼念的鲜花

5月23日上午10点左右，刘湘源和妻子卢海华手捧着12束鲜花来到了湖南杂交水稻研究中心。夫妻二人缓缓地将手中的鲜花整齐地摆放在袁隆平院士吊唁厅前，12束鲜花，承载着来自天南海北的12份悼念。

"我毕业于湖南农大，袁老也算得上是我的老师。"刘湘源告诉三湘都市报记者，昨夜11点30分，他和妻子卢海华带着5岁的儿子，来到湖南杂交水稻研究中心悼念袁老，送去了一束亲手制作的花束。刘湘源发送了一条悼念袁老的朋友圈后，不少在广东、浙江、贵州等地的好友私聊刘湘源，托其次日向袁老送去鲜花。

卢海华在湖南杂交水稻研究中心附近经营着两家花店，近两日长沙的菊花几度缺货，卢海华依旧想尽办法进了一批货。23日一大早，一家三口就开始整理这12束鲜花。"2019年袁老获得'共和国勋章'时，送给袁老的花束就是从我店里订的。"卢海华说，虽从未见过袁老，但袁老在她心里就像自家长辈一般亲切，"那时候送的还是红色的花，没想到今天就要送黄色、白色的菊花了，心里很难受。"

他说："怕爷爷在天堂孤单，送气球陪他"

5月23日，湖南杂交水稻研究中心，阴雨连绵不绝，前来悼念袁隆平院士的市民沉默而有序地默默前行。

献祭黑色气球的3岁男童说："我怕袁爷爷在天堂孤单，所

以送气球上去陪他。"

红肿着双眼跪拜在袁老遗像前的满头银发的伍奶奶说:"我今年76岁了,在我小时候是饿死过人的,袁老是我们的救命恩人,我一定要来送他一程。"

戴着崭新红领巾的小学生说:"昨天知道今天会和弟弟从浏阳过来送袁爷爷后,我晚上就梦见袁爷爷正在观察稻谷,还喊我过去帮忙。"

坐着轮椅从武汉赶来的袁先生说:"武汉疫情严重时,袁老给我们捐款捐物,救我们于水火之中。现在,袁老走了,不管多远,我也要送他一程,代表家乡人民感谢他。"

牵着女儿的手送上鲜花的长沙市民刘先生说:"虽然我的孩子体会不到什么叫饥荒,但是我想让她知道,是因为谁我们才不再担心有饥荒。"

拄着拐杖赶来的邵阳农民杨先生说:"袁老的科研成果让我们农业产业发展得更好,让我们农民的底气更足。今天,我们全家都来送别袁爷爷。"

网上吊唁:"点亮"烛光,指间寄追思

5月22日晚,袁隆平院士家属对外发布信息,根据袁隆平院士丧事从简的遗愿和当前疫情防控形势的需要,23日长沙明阳山殡仪馆不安排接待群众前来悼念。新湖南客户端设立网上吊唁厅,以方便广大群众表达对袁隆平院士的追思和缅怀。

网络吊唁厅的页面中,稻穗与烛光映衬着袁隆平院士的遗照。照片上,袁隆平身着白衬衣、黑西装,目光坚毅,面带微笑,望

向远方。轻触"鲜花致祭"按钮，微微烛光闪烁，袁老身后的稻穗被"点亮"，这是网友的哀思，更仿若一分新的希望。

23日18时许，三湘都市报记者打开新湖南客户端，登入网络吊唁厅，已是第8359607位"缅怀者"。

记者手记：一日三餐，永远怀念

5月22日上午，一则假消息牵动了全国人民的心。当真消息传来时，人们却希望这则消息再度被辟谣。91岁已算长寿，但大家仍很难接受袁隆平院士已经离开的事实。

在悼念现场，年轻的身影占了大多数。他们大多没经历过吃不饱饭的困难年代，但当你望向他们时，你也能感受到他们安静又沉重的悼念。他们静静地站着，望向同一个方向，沉思着，眼睛里闪烁着，而后吸一吸鼻子，揉一揉眼睛，又安静地离去。"90后"们用自己的方式怀念这位"90后"老人。

"今后提起'稻花香里说丰年'，就会想起'袁隆平'三个字。""一日三餐，永远怀念。""致敬'禾下乘凉梦'，我在远方哀思袁老前辈，一路走好。"鲜花上的纸条，承载着五湖四海的追思。杂交水稻的普及，是一场关乎人人手中饭碗、惠及天下苍生的大事。此刻，人与人之间的情感，无须交流，也能共鸣。

《三湘都市报》　2021年5月24日

袁爷爷，我们永远怀念您！
——各界人士自发有序悼念袁隆平

袁隆平院士去世之后，许多市民自发、有序地来到中南大学湘雅医院、明阳山殡仪馆等地吊唁。大家用一束鲜花、一个鞠躬、一句寄语，追思这位伟大的人民科学家。

昨晚（5月22日）九点，前来悼念的民众依旧络绎不绝。今年70岁的向技唐听到消息后，立刻从怀化赶来。

悼念群众向技唐："袁老给我们当农民的人，夺得了高产，吃上了饱饭。"

医院附近的花店已经接到全国多个地区的鲜花订单，配送员凌均胜今天已经送了三十多单。

长沙配送员凌均胜："我每送一束花，我都把帽子脱下来去鞠个躬，也是表达内心的一种崇敬。"

长沙花店店主郭斌波："河北的、武汉的、成都那边的都有，还有长沙本地的。他们让我代他们说，没有办法自己来到现场，会好好吃饭，珍惜粮食。"

今早(5月23日)长沙依旧下着蒙蒙细雨，医院大门口早已摆满了上百束鲜花。台阶上立起的三捆带着泥土的水稻，格外显眼。卡片上写着："带着梦的种子去了远方，袁爷爷一路走好""袁爷爷我们会节约粮食，好好吃饭。"

悼念群众张涵："因为有了像袁隆平爷爷这样无私奉献的科学家，我们和我们的下一代才能够过上衣食无忧的生活。"

悼念群众陈霞："我要让孩子从小知道，什么样的人，才是值得我们去敬佩的。"

悼念群众冯芬："我们能做的就是，吃好每一顿饭，不浪费一颗粮食。"

悼念群众谭洁璐："心存感恩，像一粒好种子一样，能够发光发热。"

在长沙明阳山殡仪馆外，袁老的生前照片被鲜花簇拥，来自全国各地的群众佩戴口罩，手持鲜花，依次向袁老照片鞠躬、献花。

今天（5月23日）上午，在明阳厅的缅怀点里，自发前来的群众四人一排，有序进入大厅鞠躬悼念。

悼念群众王先生："因为我是从农村来的，就会去想，没有杂交水稻这么高的产量，那就需要更多的人去种水稻，种更大的面积，那有可能我就走不出那个地方。"

悼念群众熊先生："对祖国、对人民有贡献的科学家、人民英雄，我们要从心里去崇拜。"

湖南卫视《湖南新闻联播》 2021年5月23日

各地群众悼念袁隆平

袁隆平同志遗体送别仪式将于 24 号上午 10 点在长沙市明阳山殡仪馆铭德厅举行。

23 号上午,在湖南杂交水稻研究中心吊唁厅,不少市民排队向袁隆平遗像献花、鞠躬。

当袁老作词的歌曲《我有一个梦》响起时,吊唁群众齐声合唱,市民高女士在歌唱中泣不成声:"上学的时候就学过袁爷爷的一些事迹,家长教育我们,我们吃的饭都是这些科学家带给我们的。对于这些默默付出的人,心里对他们的崇敬就是控制不住。"

吊唁厅前的丰碑周围,摆满了花束,花束上写着寄语,寄托着人们的哀思。不少在外地的人,无法赶到现场,就委托花店老板将鲜花送上。

"都是一些外地不方便来到现场的,让我们把花送到这边。他们都不在长沙,也很想回来祭奠一下,基本上凌晨几点钟都在联系我,把他们想对袁爷爷说的话都写出来给袁爷爷看,让我一起带到这里来。"

——湖南广播传媒中心王慧

5月23号，在怀化安江农校纪念园，安江农校师生、安江市民纷纷来到这里献花以致哀思。市民黄玲珍："袁隆平院士也是几十年如一日为了大家能吃饱饭，奉献了自己的一生，我们怀着感恩的心，悼念他一下，送他老人家最后一程。"

安江农校杂交水稻研究所的研究员们特意在试验田里，拔来了最新的研究成果，将禾苗献给袁老师，让他安心走好。安江农校杂交水稻研究所副所长曾存玉："袁老师一直是我工作上的领路人，记得我搞栽培的时候，袁老师在田坎上每次都跟我讲他的生活，讲他的工作，讲年轻人要怎么去热爱生活。所以我一直按袁老师说的做的，把自己工作做好，把所里工作做好。袁老师提出高产超级稻育种，我现在就是把超级稻育种高产跟优质结合起来，使大家吃饱饭，吃好饭。"

安江农校杂交水稻研究所退休研究员宋泽观："我跟袁老师当助手10年时间，在我们的心中他淡泊名利，崇尚科学，他是一个台阶一个台阶上，从三系到两系没有停步，激励大家努力向前创新，不断地深入田间地头，自然科学必须到实践中去。"

安江农校老校门旁，曾有30多亩的水稻良种选育试验田，我国第一粒提高产量的种子就产自这里。20世纪60年代初，袁隆平就是在这里发现了一株穗大粒多的水稻，当时他给这株水稻做了记号，并且把所有的谷粒留作试验种子。袁隆平成功培育出了杂交水稻，这里也成为杂交水稻的发源地。在新的试验田里，科研人员这两天正进行水稻育种。再过20多天，这批秧苗将进行移栽，经过开花、出穗等过程，2021年11月份将送到海南三亚水稻育种基地，继续为水稻科研作贡献。

安江农校杂交水稻研究所研究员夏兴旺:"我们将继续发扬践行我们袁老师这种不怕苦不怕累,扎扎实实深入田间搞科研的精神,努力把杂交水稻研究工作做好。"

——怀化台唐珑瑜、吴勇,洪江市融媒体向静楠、赵鑫

在邵阳隆回县羊古坳镇雷峰村超级水稻高产攻关基地,村民们自发来到基地低首肃立,手捧白色雏菊——敬献花、默哀鞠躬。

雷峰村有108亩高产攻关科研试验田,袁隆平院士时刻牵挂着超级稻高产攻关情况,2008年到2016年间,他先后11次来到基地,下田垄、入稻田、数稻穗,了解基地和超级水稻试验田的水稻高产攻关情况,并为基地制定出良种、良法、良田、良态"四良"法则。基地分别在2009年、2011年、2015年、2020年先后实现大面积亩产841.6公斤、872公斤、926.6公斤、1089公斤目标,创造中国乃至世界纪录。隆回县超级杂交水稻高产攻关科研基地负责人王化永:"(袁隆平院士)他是这么讲的,种水稻不能在电脑里面也不能在温室里面,(要)把论文写在田埂上,把丰收的喜悦写在黝黑的脸上。"

隆回县农业农村局长丁正华:"把袁老的吃苦耐劳敬业精神传承下去,把水稻高产技术广泛推广应用,为粮食安全贡献我们农业农村人力量。"

——隆回融媒体中心米扬、罗勇军

在怀化溆浦县，溆浦人民沉痛哀悼、深切缅怀袁老。多年来，袁隆平院士多次长途跋涉，来到溆浦的超级稻攻关示范基地，察看禾苗生长情况，指导超级稻攻关工作。

溆浦是我省"老字号"超级稻攻关试点县，该县的龙潭镇横板桥村从2008年起就承担着超级稻攻关任务。自2012年起，超级杂交稻第三期、第四期攻关任务就在这个村里完成。2014年，横板桥村102.6亩超级稻高产攻关片平均亩产达到1026.7公斤，率先突破1千公斤大关，创造了当时的世界纪录。回忆起袁院士来基地考察时的场景，龙潭镇横板桥村党支部书记吴厚良说："2014年8月11日，袁隆平院士来我村指导超级稻攻关工作。他看了禾苗以后说，今年禾苗长势很好，只要后期天气好的话，亩产能实现一千公斤。后来验收亩产1026.7公斤，袁隆平院士亲笔题写'此地长出一吨谷'。"

——溆浦台向聪

袁隆平院士与农业大省江苏的渊源十分深厚。在南京师范大学附属中学的校园里，袁隆平院士的雕像旁，放满了校友献上的鲜花。1948年2月至1949年4月，袁隆平曾在如今的南师附中就读高中。2002年是南师附中100周年校庆，袁隆平在校庆上，为学生们作了题为《超级杂交水稻的现状以及今后的展望》的报告。吕鸣亚："给学生做了一个报告，同学们的反应非常热烈，争先恐后地来听报告。他的贡献不仅仅是对中国，可以说是对全人类的贡献。"

2011年，国家杂交水稻工程技术研究中心常熟分中心暨端木银熙水稻育种研究推广研究中心正式成立，这是袁隆平在华东地区设置的唯一分中心。常熟农科所水稻育种专家端木银熙，早在1995年便与袁隆平院士结缘。在海南三亚南繁基地，他们的育种试验田只隔了几百米。早上，两人常常在田埂上碰面，端木银熙便趁机向袁老请教各种育种难题。如今，端木银熙从事水稻育种事业已有半个多世纪，他头发花白，但他时时刻刻都记着袁隆平院士交给常熟分中心的三个任务——在长江中下游进一步扩大杂交粳稻；攻关亩产900公斤，向亩产1000公斤迈进；要争取三分地养活一个人。

端木银熙："不相信他已经离去了。2019年的4月份，我们还到他家里去，汇报了我们常熟农科所杂交水稻育种成果。在袁老的指导、鼓励下，我们不断地在这方面进行创新研究，向我们既定的目标不断地前进，我们的杂交水稻小面积试种已经可以达到亩产1000公斤，相信袁老内心是可以得到安慰的。"

——江苏台孙昕、周洋、沈杨、张雪，南通台，如东台，常熟台

袁隆平院士曾多次到河南省指导水稻生产。2008年9月，袁院士来到信阳市商城县，查看百亩方示范田，现场指导水稻种植。商城县农业农村局副局长胡敬东："袁院士是到他家也好，他来也好，非常谦虚，平易近人。老先生对我们商城县水稻发展和农业科技，起到很重要的推动作用。"

此后，袁隆平多次到河南。2014年3月26号，袁隆平正式受聘河南农业大学"国家2011计划"河南粮食作物协同创

新中心水稻首席科学家，亲自指导中心水稻高产高效技术创新团队开展科学研究、人才培养和社会服务。在他的指导下，河南农业大学与光山县签订合作协议，建设现代农业试验区，袁隆平给予试验区每年200万元的经费支持，开展超级杂交稻"百千万高产攻关"，示范推广"超优1000"等超级杂交稻新品种。他的帮助，让信阳的杂交水稻生产不断取得进步，信阳粮食生产连创历史新高，为国家粮食安全做出了巨大贡献。

河南农业大学农学院2011级校友刘康鑫："还记得当时报告会的交流环节中，我们农学院水稻组一位博士生师兄问袁老，如何对待水稻产量和水稻质量问题。只听袁老斩钉截铁地说，不能因为质量而牺牲产量，要在保证产量的基础上改善质量，要把饭碗牢牢地端在自己手上。至今回味，言犹在耳！"

——河南台王发艳

湖南广播传媒中心　2021年5月23日

特写：送别袁隆平

袁汝婷　刘芳洲　周勉

5月24日，长沙，明阳山殡仪馆。人们来到这里，与袁隆平告别。

上午10时，"杂交水稻之父"、"共和国勋章"获得者、中国工程院院士袁隆平的遗体送别仪式在铭德厅开始。

铭德厅门口，挽联写着：功著神州音容宛在，名垂青史恩泽长存。

哀乐低回。袁隆平静卧在鲜花翠柏丛中，面容安详。他穿着红蓝格子衬衫和深蓝色西装外套，这是他生前最喜欢的衣服。

袁隆平的遗孀邓则一袭黑衣，坐在轮椅上。她的头微微侧着，没有朝着遗体的方向，右手紧紧握住左手，放在大腿上。她的左手戴着一枚戒指。

10时15分，铭德厅内开始默哀。

吴俊穿着一件衬衣，站在默哀人群中，衬衣是袁隆平送给他的礼物。这位"80后"是杂交水稻国家重点实验室副主任，也是袁隆平的弟子。

袁隆平的助理辛业芸，眼圈泛红，始终沉默地看着邓则的方向，面露担忧。

人们面朝遗体，从右至左绕灵一周，与邓则等家属握手，一些人缓缓地说出"多保重"。邓则反复地说着"谢谢"。

不久后，袁隆平的孩子们推着轮椅，陪着邓则来到遗体正前方。邓则突然站起身来，快步走到袁隆平遗体前，跪在地上，埋头哭泣。

铭德厅外，长沙明阳山仿佛被人潮淹没。拥挤的人群中，许多人看不清面容，一眼望去，只能见到一朵朵明黄和雪白的菊花——人们把手中的鲜花举过头顶。

2021年5月24日（星期一）上午十时，"杂交水稻之父"、"共和国勋章"获得者袁隆平院士遗体送别仪式在湖南省长沙市明阳山殡仪馆铭德厅举行，场外众多民众排队送别袁隆平院士

70岁的农民周秀英和家人来到这里。"知道他走了，一定要来送送他，我们种田的，对他有感情。"她抹着眼泪说。

25岁的青年胡胜涛来到这里。他早晨7点乘坐高铁从广州赶来，下午就要返回。10小时的路途，只为深深鞠一躬。"人太多了，我只在遗像前待了不到1分钟，可是很值得。"

江苏的母女张秀华、王宇辰，结束深圳的旅程专程赶来送行。"90后"王宇辰说："我想和妈妈一起，来向袁爷爷道别。"

前往殡仪馆的柏油路被人群挤满。

年轻的外卖骑手，骑着摩托车缓慢穿行。外卖箱里，有满满一箱金色稻穗。下单的人来自广东、福建、重庆……

路的左边，身穿蓝色衬衣的"雷锋车队"举起悼念横幅。一排出租车整齐停着，车窗玻璃上贴着"免费接送车"字样。司机刘浩辉说："上百台出租车自发组织起来，免费接送从外地赶来的人们。"

路的右边，42岁的水电工郭庆伟站在一辆棕色的商务车旁，车里堆满了口罩。他和朋友买了8000余个口罩，从23日上午9点起为群众免费分发。"昨晚几乎没合眼，我想为他做点儿什么。"

许多人前往摆放袁隆平遗像的明阳厅。人山人海，却格外静默。

一名身穿白衣的中年妇女半跪在遗像前，放下一碗青豌豆。这是袁隆平生前爱吃的菜。她哽咽着说："您要记得好好吃啊。"

湖南杂交水稻研究中心主任齐绍武说："袁老没有留下任何遗言。""袁老一直相信，我们会把杂交水稻事业好好干下去。我想，他是放心的。"

这一天，长沙气温23℃。科研工作者说，这是适宜杂交水稻生长的温度。

新华社　2021年5月24日

花雨热泪洒星城

——各地群众长沙送别袁隆平院士

段涵敏 冒蕻 王铭俊 周阳乐

5月24日,初夏的长沙,天气微凉。一种悲伤而温暖、哀婉而感奋、深沉而热烈的情愫,在这座城市的街巷涌动、汇聚,久久萦绕在人们的心上。

这天上午,"共和国勋章"获得者、被誉为"杂交水稻之父"的袁隆平院士的遗体送别仪式在明阳山殡仪馆举行。无数的人,从本地、从全省、全国各地赶到这里,只为向敬爱的袁隆平院士作最后的告别。

早上7时,距离送别仪式还有3个小时,明阳山殡仪馆已是人潮涌动。

连日多雨的长沙,正一点点放晴。久违的太阳钻出云层,似乎在向这位人们心中的英雄致敬送行。

走在去殡仪馆的路上,长沙市民林女士一边和9岁的女儿讲述袁爷爷的故事,一边牵着3岁的儿子。孩子们手里都拿着黄澄澄的菊花。"虽然没有见过面,但我们每天吃的米饭,离不开他老人家的辛劳！袁爷爷永远活在我们心中！"林女士说，"今天特地请假过来，希望孩子们一生都能记住袁爷爷的故事，珍惜来之不易的盘中餐。"

85岁高龄的苏丙梅老人家住邵阳绥宁，得知袁老去世的消息后，她第一时间赶到长沙。当天凌晨5时她就早早起了床，在儿子的陪伴下赶往殡仪馆。"我是农村人，种了一辈子水稻，袁老解决了全世界人民的吃饭问题，我们打心眼儿里怀念他，舍不得他走！"说着说着，苏丙梅红了眼眶，掉起了眼泪。

浙江越秀外国语学院大三学生林蓉带着同学们的心意，连夜从绍兴赶到长沙，只为见袁隆平院士最后一面。

川流不息的人群，传递着连绵的哀思。

上午10时许，袁隆平院士的遗体送别仪式在明阳山殡仪馆铭德厅举行。

哀乐在空中低吟，让人想到盛夏田野里摇曳的稻浪。

正厅上方，悬挂着黑底白字"沉痛悼念袁隆平同志"的横幅。横幅下方中央，是袁隆平的遗像，瘦削，却西装笔挺、精神矍铄，眼神坚定又慈爱，脸上的笑容温暖可亲。

遗像下方，袁隆平盖着一面鲜红的国旗，静卧在鲜花翠柏丛中，安详得像在熟睡。

随着主持人的话语，大家纷纷低头，静静默哀。人群中，不少人眼眶泛红，有的人泪水夺眶而出，轻轻地抽泣。

三鞠躬后，人们绕行袁隆平院士的遗体一周，送这位可敬的英雄远行。

铭德厅外，人山人海，却格外静默。上万群众戴着口罩，有序排队。队伍蜿蜒几公里。

来自江苏的退休职工高峰开了14个小时的车专程赶来,只为多看袁老几眼,再深深鞠一躬。"袁老是泰斗级的国宝,听到他走了的消息后,感到撕心裂肺的痛。"他撑着路边的树干,悲情难抑。

马娇是上海的一位剪纸艺人,得知袁隆平院士去世的消息后,她连夜从上海赶到长沙。她蹲在殡仪馆外一处安静的角落,花了3个钟头,现场制作了一幅袁隆平在稻田里拉小提琴的剪纸作品,寄托哀思。

有一种致敬,是不远万里,送您一程;有一种缅怀,是感恩国士,吾辈奋进!

"袁爷爷坚持不懈、勤于钻研的精神感染、激励着我们。"来自长沙幼儿师范高等专科学校的高二学生陶帅和同学结伴而来。陶帅说,尽管袁爷爷离开了,但他的精神永存。"努力学习,积极进取,禾下乘凉梦,我们会接续努力!"

"'功著神州音容宛在,名垂青史恩泽长存。'这是他一生的真实写照,我们应该永远感谢他!"湖南工商大学党委书记陈晓红院士指着铭德厅两侧的挽联,含泪说道。陈晓红与袁隆平院士相识20多年,对袁院士的精神、品格非常钦佩。"我们要像他一样,把科研应用在祖国大地上,把论文写在祖国大地上,为国家科技自立自强作出更大的贡献。"

明阳山殡仪馆的出口,有五六个免费饮水点,志愿者们忙得不可开交。"我们早上5点钟就到了,都是自发来的,大家也互相不认识。"周先生说,大家就想为袁老做点儿什么。

因送别仪式现场可容纳人数有限，殡仪馆专门设立了群众悼念厅。悼念厅里，早已是一片花海。

"一日三餐，米香弥漫，饱食者当常忆袁公。"

"这一生不曾见您，却一直受您恩惠，您不仅让我们这一代填饱了肚子，您艰苦奋斗的一生也是我们取之不尽、用之不竭的精神财富。"

"以后，我们帮您把种子撒向更远方。"

…… ……

花海中插着许多卡片，上面写满了对袁隆平院士的不舍与怀念。而在落款中，"一粒种子""一颗向上的小种子""吃您水稻长大的孩子"等署名，字字动人。

倾尽一城花，只为奠一人。

一些无法亲自前来的人们，通过鲜花外卖遥寄哀思。一名外卖小哥说，下单的人来自天南地北，从花店取花，到殡仪馆排队祭拜，一圈下来大概要花两个小时，比平日的订单费时多了。"但我觉得很值得，很有意义。"

下午1时，送别仪式早已结束，但来殡仪馆祭拜的人依然络绎不绝。一眼望去，满是明黄和雪白的菊花，灿烂无比。

鲜花开满阳光之路，一如袁隆平院士生前带给大家的温暖。

我们永远不会忘记，初夏的天秤座方向，有颗小行星，编号8117，他的名字叫袁隆平。

湖南日报·新湖南客户端　2021年5月25日

袁隆平同志遗体送别仪式在长沙举行

"共和国勋章"获得者,中国研究与发展杂交水稻的开创者和带头人,中国工程院院士,国家杂交水稻工程技术研究中心主任,湖南省政协原副主席袁隆平,因病医治无效,于13时07分在长沙逝世,享年91岁。今天上午,袁隆平同志遗体送别仪式在长沙明阳山殡仪馆举行。

24日上午,长沙明阳山殡仪馆庄严肃穆,哀乐低回。正厅上方悬挂着黑底白字的横幅"沉痛悼念袁隆平同志",横幅下方是袁隆平同志的遗像。袁隆平同志的遗体安卧在鲜花翠柏丛中,身上覆盖着鲜红的中华人民共和国国旗。

袁隆平同志逝世后,中共中央总书记、国家主席、中央军委主席习近平对他的逝世表示深切悼念,向其家属表示亲切问候并送花圈。李克强、栗战书、汪洋、王沪宁、赵乐际、韩正、王岐山,王晨、刘鹤、孙春兰、李希、杨晓渡、陈希、陈全国、陈敏尔、胡春华,江泽民、胡锦涛、朱镕基、李瑞环、吴邦国、温家宝、贾庆林、张德江、俞正声、宋平、李岚清、曾庆红、吴官正、李长春、贺国强、刘云山、张高丽，尤权、曹建明、张春贤、沈跃跃、吉炳轩、艾力更·依明巴海、万鄂湘、陈竺、王东明、白玛赤林、丁仲礼、郝明金、蔡达峰、武维华、王勇、肖捷、赵克志、周强、张庆黎、万钢、何厚铧、王正伟、马飚、梁振英、杨传堂、李斌、苏辉、郑建邦、邵鸿、高云龙，田纪云、姜春云、王兆国、回良玉、吴仪、曾培炎、王刚、刘延东、马凯、王汉斌、杜青林、王丙乾、邹家华、彭珮云、周光召、李铁映、何鲁丽、许嘉璐、蒋正华、顾秀莲、热地、盛华仁、路甬祥、乌云其木格、陈至立、周铁农、司马义·铁力瓦尔地、蒋树声、桑国卫、王胜俊、陈昌智、严隽琪、张平、向巴平措、张宝文、戴秉国、任建新、王忠禹、白立忱、陈奎元、阿不来提·阿不都热西提、张榕明、钱运录、孙家正、李金华、陈宗兴、韩启德、李海峰等分别发来唁电或送花圈表示悼念。

泰王国公主玛哈·扎克里·诗琳通，联合国粮农组织总干事屈冬玉，马达加斯加共和国农业、畜牧业和渔业部长拉纳里韦卢，东帝汶民主共和国农业渔业部长佩德罗·多斯雷斯等送花圈或表示悼念。

上午10时许，许达哲、毛伟明、李微微、乌兰、杨正午、王克英、胡彪、黄兰香、王双全、谢建辉、张剑飞、张宏森、李殿勋、王成、吴桂英、刘莲玉等省领导和老同志在哀乐声中缓步来到袁隆平同志的遗体前肃立默哀，向袁隆平同志的遗体三鞠躬，并与袁隆平同志亲属一一握手，致以深切慰问。

袁隆平同志住院期间和逝世后，许达哲、毛伟明、杜家毫、李微微、乌兰、熊清泉、杨正午、王克英、胡彪、黄兰香、王双全、谢建辉、张剑飞、冯毅、张宏森、李殿勋、王成、吴桂英、刘莲玉等省领导和老同志前往医院看望或通过各种方式吊唁、志哀并向其亲属表示慰问。

中央和国家机关有关部门、部分中央企业、相关省(市)负责同志，以及袁隆平同志生前好友和家乡代表等参加送别仪式或发唁电、送花圈。

袁隆平同志是江西德安人，1930年9月出生于北京一个知识分子家庭。1949年8月至1953年8月，在西南农学院农学系农作物专业学习。1953年8月至1971年1月，任湖南省安江农业学校教员。1971年1月至1984年6月，任湖南省农业科学院杂交水稻研究员（1978年9月晋升为研究员）。1984年6月至1988年1月，任湖南杂交水稻研究中心主任。1988年1月至1995年5月，任湖南省政协副主席、湖南杂交水稻研究中心主任、湖南省农业科学院名誉院长。1995年5月至2016年1月，任湖南省政协副主席(其间：1995年5月至2015年8月，任湖南杂交水稻研究中心主任、国家杂交水稻工程技术研究中心主任)。1995年当选为中国工程院院士。2007年当选为美国科学院外籍院士。

袁隆平同志是无党派人士的杰出代表，是中国共产党的挚友。他坚决拥护中国共产党的领导，衷心拥护中国共产党领导的多党合作和政治协商制度，忠实践行习近平新时代中国特色社会主义思想，在思想上政治上行动上同以习近平同志为核心的中共中央保持高度一致。他热爱党、热爱祖国、热爱人民，始终关注民生、贴近群众，以祖国和人民需要为己任，以奉献祖国和人民为目标，脚踏实地把科技论文写在祖国大地上，紧紧围绕党和国家的中心工作、改革开放和现代化建设的大局积极参政议政、献计出力。

袁隆平同志是杂交水稻研究领域的开创者和带头人，被誉为"杂交水稻之父"。他发明了三系法籼型杂交水稻技术，独创了两系法杂交水稻技术，创立了杂交水稻学科，培养了一大批杂交水稻专家和技术骨干，建立和完善了一整套杂交水稻理论和应用技术体系。中共中央十一届六中全会通过的决议，将籼型杂交水稻的育成与推广，同氢弹试验和人造卫星回收成功等一道列为我国科学技术取得的重要成就。习近平总书记曾四次接见袁隆平同志，充分肯定袁隆平团队作出的重大贡献。2018年，袁隆平同志获"改革先锋"称号。2019年，被授予"共和国勋章"。

袁隆平同志是新中国培养的第一代优秀的科技工作者，是中国知识分子的光辉楷模。他作为农业科学家，70年如一日，矢志不渝，凭着顽强的毅力和决心，全心致力于杂交水稻的科学研究。据统计，杂交稻自1976年推广以来，种植面积累计达到90亿亩，累计增产稻谷8000多亿公斤。每年因种植杂交稻而增产的粮食，可以多养活8000万人口。

袁隆平为世界粮食安全作出了杰出贡献。他一生追求"禾下乘凉梦"和"杂交水稻覆盖全球梦"两个梦想，把"发展杂交水稻 造福世界人民"作为毕生事业。全球共有40多个国家引种杂交水稻，中国境外种植面积达800万公顷。

袁隆平同志是第五届全国人大代表，第六届、七届、八届、九届、十届、十一届、十二届全国政协常委。

袁隆平同志一生最大的贡献，一是突破了传统理论束缚，发明了杂交水稻；二是创建杂交水稻学科，构建了杂交水稻理论体系；三是攻坚克难推动杂交水稻技术应用，为我国粮食安全作出了巨大贡献；四是致力杂交水稻走向世界，为人类战胜饥饿彰显了担当。

袁隆平同志的一生，是与中国共产党风雨同舟、肝胆相照的一生，是勇于创新、追求真理的一生，是情牵祖国、心系人民的一生，是胸怀世界、造福人类的一生，是淡泊名利、无私奉献的一生。

袁隆平同志的名字，写入了辽阔大地，印在老百姓心上。"袁隆平星"在太空闪烁，星耀大地。袁隆平同志的杰出成就，不仅属于中国，而且影响世界。

湖南卫视《湖南新闻联播》 2021年5月24日

袁隆平同志逝世

享誉海内外的著名农业科学家，我国杂交水稻事业的开创者和领导者，中国共产党的亲密朋友，无党派人士的杰出代表，"共和国勋章"获得者，湖南省政协原副主席，国家杂交水稻工程技术研究中心原主任，中国工程院院士袁隆平同志，因病于2021年5月22日在长沙逝世，享年91岁。

袁隆平同志病重期间和逝世后，中央有关领导同志以不同方式表示慰问和哀悼。

袁隆平，江西德安人，1930年9月出生于北京。1949年至1953年在西南农学院农学系作物遗传育种专业学习。1953年至1971年，任湖南省安江农业学校教师。1971年至1984年，任湖南省农业科学院助理研究员、副研究员、研究员。1984年后，历任湖南杂交水稻研究中心主任、国家杂交水稻工程技术研究中心主任、湖南省农业科学院名誉院长、湖南农业大学名誉校长等职务。1988年，任湖南省政协副主席。1995年，当选中国工程院院士。

袁隆平同志是第五届全国人大代表，第六届、七届、八届、九届、十届、十一届、十二届全国政协常委。他一生致力于杂交水稻技术的研究、应用与推广，为我国粮食安全、农业科学发展和世界粮食供给作出杰出贡献，被誉为"杂交水稻之父"。袁隆平同志曾荣获国家最高科学技术奖、国家科学技术进步奖特等奖、国家发明奖特等奖、联合国教科文组织科学奖、世界粮食奖等，2018年荣获"改革先锋"称号，2019年被授予"共和国勋章"。

《人民日报》 2021年5月25日

一座城送别一个人

柴 归

5月24日，长沙久雨初晴。

上午8时许，阳光透过云层，播洒在明阳山殡仪馆前的侯照路上。祭奠的队伍徐徐前行，绵延数百米。

一辆辆前来送行的车辆，不得不在东山路口停下。人们下车，汇入侯照路上的人流。

一路上，神情凝重的中年人、结伴而行的青年学生、牵着孩子的父母……手捧鲜花，向殡仪馆走去。

没有约定，也无须约定。全国各地成千上万的人自发前来，送袁隆平最后一程。

侯照路长约350米，与东山路交界口的左边，支着一个简易布篷，供大家免费饮水。再往前，路的右边停着一辆棕色商务车，里面装着口罩。听到有人问"大哥，我能要个口罩吗？"42岁的水电工郭庆伟从手头整包口罩中抽出一个递上。

上午10时，遗体告别仪式即将举行。殡仪馆内的吊唁队伍像一条环绕着的缓缓流动的黑带。

2021年5月23日，长沙，民众前往明阳山殡仪馆送别袁隆平院士

    每隔五步有一位警员站岗，他们身姿挺拔，神情肃穆。人流外围，头戴白色帽子的志愿者在帮忙维持秩序。不过，他们很快发现自己无事可做。尽管队伍绵延至殡仪馆外500米，但没有人抱怨，更没有人高声说话。

    一切格外安静。

    祭奠队伍最终在安放袁隆平遗像的大厅交汇。大厅外，陈列着一排花圈，写着"永远怀念"。人们上台阶，四人一行，停步，向遗像鞠躬，下台阶，献花。

    每个人只有短短几秒。在此片刻，人们眼角泛起泪光，不忍离去。

    台阶下，一簇簇菊花或黄或白，几乎布满草坪。菊花上的纸条，有的留言"我一定好好吃饭"，有的写着"从此，碗中有米，心中有你"。

鲜花丛中，一个排球特别醒目——袁隆平生前喜欢运动，排球上面写着"天堂好好运动，我们好好吃饭"。

一位54岁的中年男子，手里捧着父亲与袁隆平的合照。他父亲是袁隆平的学生，父亲行动不便，委托他来送袁隆平最后一程。

上海市民马娇，前一天拎着行李箱赶高铁来到长沙，行李箱里有两幅画框和剪纸工具。她用了3个小时，剪出一幅袁隆平在禾下乘凉拉小提琴的作品。

85岁的苏丙梅，从邵阳乡下乘6个多小时大巴赶到长沙。她种了一辈子水稻，"哪怕走再远也要送一送恩人"。

明黄和雪白的菊花交错，在阳光下流动。多么美好的季节！如果不是在这个悲伤的时刻。

袁隆平逝世的噩耗传出当日，长沙城里，菊花瞬间售空。

袁隆平遗体从中南大学湘雅医院起灵，灵车所至，路上车辆齐声鸣笛志哀。人们跑着，哭着，追着灵车，呼喊着"一路走好"。

前往殡仪馆途中，灵车在湖南杂交水稻研究中心绕行一周，希望袁隆平最后看一眼他毕生钟爱的事业。他亲爱的同事和学生等候着，和他泪别。

现在，那里也是一片花海。

走出殡仪馆，阳光依旧。人们啜泣：我们失去了我们的一位功勋人物。

《潇湘晨报》　2021年5月24日

外交部：
袁隆平院士不仅属于中国，也属于世界

马卓言　孙　楠

外交部发言人赵立坚 24 日说，中国著名科学家、"共和国勋章"获得者、中国工程院院士袁隆平的逝世是中国和世界的巨大损失，他将永远为人们所缅怀和铭记。

连日来，联合国官方微博、联合国粮农组织总干事、世界粮食奖基金会主席等发文缅怀袁隆平院士，海外媒体和网友也以多种方式表达追思，感谢他为推进粮食安全、消除贫困、造福民众作出的杰出贡献。

赵立坚在当日例行记者会上说，袁隆平院士逝世后，中外各界都表示沉痛悼念，这充分说明他对中国乃至世界杂交水稻事业所作贡献受到广泛认可和高度评价。

赵立坚说，中国用不到世界 9% 的耕地，养活了世界近 1/5 的人口，将饭碗牢牢端在自己手中。这与袁隆平院士的艰苦努力密不可分。

"在自身粮食增产增收的同时，我们也始终秉持开放和负责任的态度，向世界各国慷慨分享杂交水稻技术。"赵立坚说。中国杂交水稻技术的输出与对外开放几乎同步。1979年，中方首次对外提供了杂交水稻种子。40年后，中国杂交水稻已在亚洲、非洲、美洲的数十个国家和地区推广种植，年种植面积达800万公顷。40年间，袁隆平院士和他的研究人员还先后赴印度、巴基斯坦、越南、缅甸、孟加拉国、斯里兰卡、美国等国为水稻研究人员提供建议和咨询，并通过国际培训班为80多个发展中国家培训超过1.4万名杂交水稻专业技术人才。

"上述努力为解决世界饥饿和贫困问题作出了巨大贡献，金黄沉甸的稻谷让无数人享受到了吃饱的幸福，看到了生活的希望。"赵立坚说。

赵立坚说，袁隆平院士不仅属于中国，也属于世界，他毕生奋斗的梦想就是让杂交水稻覆盖全球，让所有人不挨饿。中国创造了粮食自给的人间奇迹，也有意愿、有能力继续为全球粮食安全治理作出更大贡献。"我们相信，在各方的携手努力下，袁隆平院士的梦想一定会成为现实，饥饿和贫困终将从地球上消失。"

《人民日报》 2021年5月25日

世界粮食奖基金会荣誉主席发文悼念袁隆平院士

编译 高琳琳

"杂交水稻之父"、中国工程院院士、"共和国勋章"获得者袁隆平，5月22日13点07分在湖南长沙逝世，享年91岁。

22日下午，世界粮食奖基金会荣誉主席、袁隆平的老朋友肯尼思·奎因（Kenneth M. Quinn）就袁隆平院士逝世发文悼念。

随着袁隆平教授的逝世，中国和世界失去了我们这个世界上最伟大的农业科学家之一，而我也失去了一位伟大的朋友。作为由袁教授创立的国际稻作发展论坛的副主席，我谨代表论坛所有成员，向袁教授的家人、他在中国国家杂交水稻工程技术研究中心（China National Hybrid Rice R&D Center）的同事以及众多以他为榜样的人表示深切的慰问。

对我个人而言，能够与袁教授保持20多年的交往是一种无与伦比的荣幸。2019年，我非常高兴能够去长沙，在国际稻作发展论坛暨中非稻作发展研讨会上发表主题演讲，并有幸与袁教授

2004年10月26日下午，刚刚获得"世界粮食奖"的袁隆平院士回到长沙，受到市民欢迎

一同庆祝他的90岁生日。

几年前，我还有幸参加了袁教授在中国海南省三亚市举办的国际水稻论坛（International Forum on Rice）。会后，袁教授的同事辛业芸博士带我参观了袁教授在20世纪70年代初首次在杂交水稻研究方面取得突破性进展的地方。站在那个粮食生产取得惊人突破的地方，意义之深远不言而喻。之后，我又参观了三亚水稻国家公园，园中伫立着一座特别的纪念碑，以纪念袁教授所取得的成就。

2019年，在中华人民共和国国家勋章和国家荣誉称号颁授仪式上，袁教授被授予"共和国勋章"，以表彰他在过去70年里为中国粮食安全、人民摆脱贫困所作出的巨大贡献。对于我们所有与袁教授相识和共事的人来说，这一非凡认可无疑是巨大的骄傲。

我与袁教授首次接触是在2004年，当时他前往美国艾奥瓦州得梅因接受世界粮食奖。作为基金会的主席，我无比荣幸地主持了典礼，基金会创始人诺曼·博洛格博士（Dr. Norman Borlaug）向袁教授颁发了奖杯。在那张标志性的合照中，两位人类历史上最伟大的植物学家站在了一起，一位是"绿色革命之父"，另一位被誉为"杂交水稻之父"。即使再过100年，这张照片记录的仍将是农业历史上最伟大的时刻之一。

我曾与这两位密切合作，他们有着许多共同点，这也使他们成为真正鼓舞人心的人物。和诺曼·博洛格博士一样，袁教授为人极其谦逊，从不追求名利，只专注于能够帮助消除贫困、使人们摆脱饥饿的工作中。

袁教授也坚信，科学的力量使收获加倍。他在研究中心进行各种研究和试验，一直坚持工作到生命的最后，就为了培育出产量更高的超级杂交水稻。这种超级稻有着谷粒饱满的稻穗，像瀑布一样弯垂下来。

袁教授同样始终保持着"脚踏实地"的态度，这也反映出了他在稻田里所取得的成就，他就像中国普普通通的农民那样，时刻密切观察和改良农作物。他在稻田里总是比在办公室里更自在，穿着工作服是最舒服的，诺曼·博洛格博士也像他一样。

另外，袁教授也是一位传道授业的老师。他总是抽出时间回答各种问题，特别是与年轻的科学家和学生交谈。我们每年选送到研究中心的美国高中生，回来的时候总能满载着知识以及更强烈的求知欲。

就我观察到的袁教授平生所取得的最令人瞩目的成就，也许就是，每一个中国人都知道他是谁，都知道他所做的事，这当中不只是农业专家或政府官员，还有与农业没有联系的各行各业的普通人。在中国的时候，我经常问遇到的人知不知道袁隆平是谁，知不知道他做过什么。不论是深圳某个餐馆的服务员、石家庄酒店的员工，还是高铁上的送餐员，都知道袁隆平的名字，也知道他在水稻生产方面取得的杰出成就。每次都无一例外。事实上，第一个通过微信告诉我袁教授去世消息的，是三亚旅行社一位年轻的工作人员。

2021年3月，作为美国腹地中国协会（US Heartland China Association）的战略顾问，我在中美农业圆桌会议上致开幕词。我们致力于通过加强合作，改善中美关系，共同应对全球粮食安全、气候变化、大流行疾病等全球性挑战。当时我也邀请了袁教授来发表演讲，但很遗憾没能成行。

我在发言中引用了袁隆平教授的成就来激励研讨会的与会者们。袁教授用他最后的努力再次帮助取得成就，这就是他的精神的力量。

袁隆平教授，在他的祖国被所有认识他的人所爱戴，我们将深深地怀念他。他的精神将在未来，为中国和世界几代人带去启示。

中国日报网　2021年5月23日

一批外国驻华使领馆发来唁电悼念袁隆平院士

周帙恒

连日来，一批外国驻华使领馆先后发来唁电，悼念"杂交水稻之父"、中国工程院院士袁隆平。

智利驻华大使馆在唁电中说，袁隆平院士是杂交水稻研究领域的先驱和领导者，他在解决世界粮食安全问题上的巨大贡献和创新精神得到了智利的认可，于 2020 年 11 月在长沙获得智利外交部国家形象委员会颁发的"麦哲伦海峡奖"。智利驻华大使馆对袁隆平院士的逝世表示沉重哀悼，并向袁隆平院士的奉献精神和对人类的杰出贡献致以最崇高的敬意。

孟加拉国驻华大使馆在唁电中说，袁隆平院士将毕生精力投入研究与发展杂交水稻中，这一壮举不仅帮助了中国，也帮助了包括孟加拉国在内的国家与地区人民获得粮食。袁隆平院士将因他在杂交水稻领域的贡献而被铭记，这些贡献对孟加拉国实现粮食自给自足产生了积极影响。

以色列驻华大使馆在唁电中说，袁隆平院士是 2004 年度以色列"沃尔夫农业奖"获得者，他为增加世界粮食供应作出了非凡贡献，并与世界各国科学家共享技术。袁隆平院士的辞世对全世界来说是巨大的损失，以色列驻华大使馆向袁隆平院士的家人表达了最深切的慰问。

莫桑比克驻华大使馆在唁电中说，袁隆平院士亲自参与了杂交水稻在莫桑比克的种植推广，他为莫中两国加强农业合作，为两国友好交往史留下了宝贵遗产。莫桑比克驻华大使馆代表莫桑比克政府以及莫桑比克人民，向袁隆平院士致以最崇高的敬意。

老挝驻长沙总领事馆在唁电中说，袁隆平院士与老挝国家最高领导人之间的友好交流，推动老中两国特别是老挝与湖南省的友好关系更加紧密。老挝驻长沙总领事馆向湖南省委、省政府及湖南人民，特别是袁隆平院士家属致以诚挚慰问。

菲律宾驻广州总领事馆在唁电中说，袁隆平院士富有远见的努力及其农业技术创新，使中国和包括菲律宾在内的世界各国粮食安全得到了改善，菲律宾的农业组织也因他的研究受益匪浅。

此外，墨西哥驻华大使馆、喀麦隆驻华大使馆、苏里南驻华大使馆、卢森堡驻华大使馆、几内亚比绍驻华大使馆、泰国驻昆明总领事馆等也发来唁电，对袁隆平的逝世表示深切悼念。

湖南日报·新湖南客户端　2021年5月25日

200多封唁电送别袁老：
把功勋写在大地上
|Bidding farewell to "father of hybrid rice"

"杂交水稻之父"、"共和国勋章"获得者袁隆平院士遗体送别仪式，于2021年5月24日（星期一）上午10：00在湖南省长沙市明阳山殡仪馆铭德厅举行。

China on Monday morning held a memorial service in Changsha, central China's Hunan province, to bid farewell to Yuan Longping, known as the "father of hybrid rice", who passed away on Saturday.

今天上午，群众自发来到现场。长沙明阳山殡仪馆外，数万民众排起长队前来送别袁隆平院士。

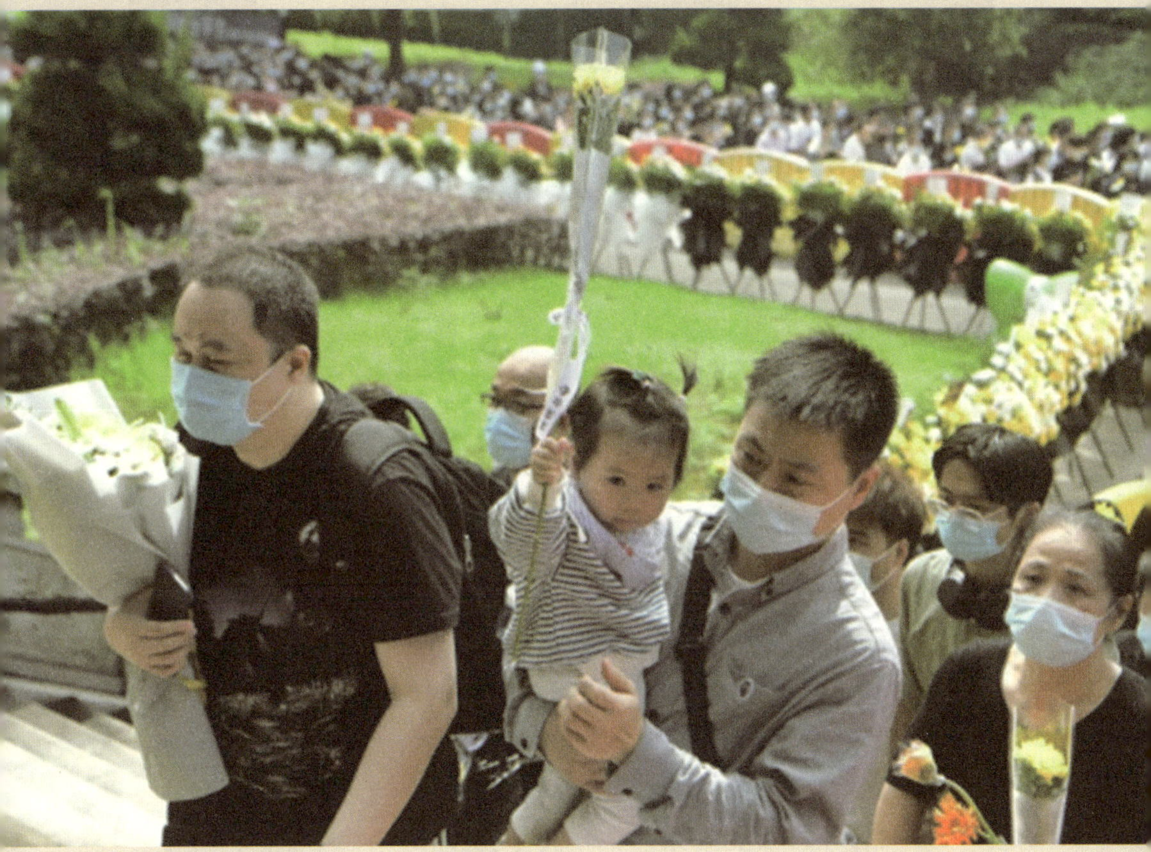

送袁老的路上，有免费的菊花和接送班车。

A flower shop owner in Changsha provided chrysanthemums for free. Some cab drivers transferred people arriving from other places by train to the mortuary at no charge. Some who could not come had flowers delivered to the mortuary.

在湖南杂交水稻研究中心的悼念现场，大厅两面墙上贴满了全国各地 200 多家单位和个人向袁隆平院士家属发来的唁电。

Over 200 messages of condolence spread solemnly across the walls of the Hunan Hybrid Rice Research Center, as people bid farewell to the nation's "food hero" Yuan Longping, who worked at the center and passed away Saturday at the age of 91.

这些发给袁隆平院士治丧工作组、湖南杂交水稻研究中心或袁院士家属的唁电，有来自科技部等国家部委，县、市地方党委政府，大学科研机构的，还有袁院士生前工作、访问过的单位等。唁电颂扬袁院士生前功绩，作为"杂交水稻之父"，"把一生浸在到稻田里，把功勋写在大地上"，"将中国人的饭碗牢牢端在自己手中"，"在世界农业发展史上树起了一座雄伟不朽的中国丰碑"。

Mourning words recalled Yuan's achievements "as the father of hybrid rice" "his entire life was immersed in the paddy fields, and his feats were spread across the land." "He kept the right to a bowl of rice firmly in the hands of the Chinese people." "(He placed China firmly) in the history of the world's agricultural development."

科技部发来的两份唁电中,科技部党组书记、部长王志刚表示,"袁隆平院士一生坚持科技报国,创新济民,矢志探索,不懈钻研,他的崇高品格和高尚情操生动诠释了新时代科学家精神。袁隆平院士的逝世,是中国乃至世界科学界的重大损失"。

"Academician Yuan Longping committed his life to serving the country through science, technology, and innovation. His sublime character and noble sentiment vividly illustrates the spirit of scientists in the new era. The passing of Yuan Longping is a great loss to the scientific community in China and the world at large."

四川富顺县委唁电:"侠之大者为国为民,在生命最后的时刻,仍然躬耕研究。犹记得去年(2020年)10月我们到长沙拜望袁隆平院士,他亲笔题下'富顺,再生稻之乡'。"

"The greatest hero serves the country. Even in the last moments of life, he devoted it to research. Still remember last October when we visited Yuan Longping in Changsha. He wrote 'Fushun, the home of ratooning rice' in calligraphy."

内蒙古自治区兴安盟袁隆平院士工作站的唁电称,袁隆平先生"88岁高龄还在内蒙古的兴安盟成立院士工作站,亲自领衔北方寒地粳稻和耐盐碱水稻的研发推广,探索建立兴安盟水稻亩增产100公斤的技术模式,为165万草原各族人民群众带来福祉和吉祥"。

"Even at the advanced age of 88, Yuan still managed to set up an academician workstation in Inner Mongolia's Xing'an League. He personally led the research and development of japonica rice and saline-alkaline resistant rice in the cold regions of northern China. He explored the technical mode of increasing the yield of rice by 100 kg/mu in the Xing'an League, and brought benefits to 1.65 million people of all ethnic groups in the grasslands."

延安大学唁电称,"2019年,以年届九十之身担任西安市乡村发展公益慈善基金会创始人大会荣誉主席,与众多知名人士一起发起成立延安大学乡村发展研究院,助力乡村全面振兴"。

"In 2019, at the age of new 90, he served as the honorary chairman of the Founders' Conference of Xi'an Rural Development Charity Foundation. Together with many other public figures, he established the Rural Development Institute of Yan'an University to promote the overall revitalization of rural areas."

来自菲律宾菲华商联总会的慰问函表示,"在东南亚、南亚、非洲,杂交水稻正在生根发芽,结出沉甸甸的稻穗。在菲律宾、印尼、越南、缅甸、老挝、柬埔寨、巴基斯坦、孟加拉国、尼日利亚等地,杂交水稻已经推广种植和引进试种到数十个国家和地区,海外种植面积达700万公顷"。

"In Southeast Asia, South Asia, and Africa, hybrid rice is taking root and bearing heavy spikes of rice. In the Philippines, Indonesia, Vietnam, Myanmar, Laos, Cambodia, Pakistan, Bangladesh, Nigeria, and other places, hybrid rice has been popularized and introduced to dozens of countries and regions, with an overseas planting area of 7 million hectares."

CHINADAILY 2021年5月24日

"今天哀悼一位真正的粮食英雄"

王 华

他是中国的袁隆平，也是世界的袁隆平。这一次，外媒集体为袁隆平刷屏。在袁隆平院士逝世后，他的名字出现在海外媒体的新闻中，外国媒体纷纷发文悼念。

他在高产杂交水稻方面的突破性工作，帮助从亚洲到非洲的大片地区解决了饥饿和贫困问题。

连续多日，众多外国媒体纷纷发文悼念袁隆平。彭博社评价他是象征着中国粮食安全的科学家，法新社的报道中用"中国民族英雄"一词来形容他。

他是象征着中国粮食安全的科学家

彭博社关注到袁隆平曾获得过"共和国勋章"，评价他是象征着中国粮食安全的科学家，他为提高农作物产量所做的毕生努力使他在中国家喻户晓。

美联社在报道时表示，袁隆平是一位中国的科学家，他开发了高产水稻品种，帮助养育了全世界的人，报道中说："他的工作帮助中国在三十年内从'食物缺乏'到'食物安全'。"

路透社在报道中写道，袁隆平在20世纪70年代培育出了第一个杂交水稻品种，让许多人免于饥饿。同时，路透社还注意到了民众的反应，其引用了中国当地媒体的报道：长沙市民聚集在袁隆平工作的湖南杂交水稻研究中心附近，向这位科学家致敬。

法新社称，因帮助开发杂交水稻和缓解全球的饥饿问题而被誉为"中国民族英雄"的农学家袁隆平于5月22日去世。

《纽约时报》报道袁隆平逝世的新闻标题为《"杂交水稻之父"袁隆平去世：帮助世界解决饥荒和贫困》。报道还提到，他在高产杂交水稻方面的突破性工作，帮助从亚洲到非洲的大片地区解决了饥饿和贫困问题。

他的水稻研究帮助养活了世界

美国有线电视新闻网同样注意到了民众的反应，报道指出，他的逝世引起了全国人民的悲痛，在长沙，当灵车驶过时，汽车鸣笛致敬，路边聚集了很多人为他送行。

《华盛顿邮报》报道说，袁隆平一生都在研究水稻，他在中国家喻户晓，被称为"杂交水稻之父"。报道中还提到了袁隆平和他的团队与世界各地几十个国家合作，致力于解决粮食安全以及营养不良的问题。

美国《西雅图时报》和美国广播公司援引美联社的报道，报道了袁隆平逝世的新闻，在标题中写道《中国的袁隆平去世，他的水稻研究帮助养活了世界》。

俄罗斯卫星通讯社在新闻中提到了一些袁隆平生前的荣誉，20世纪90年代，中国提出了超级稻育种计划。目前，中国杂交水稻种植面积超过1700万公顷，占全国水稻总面积的50%，仅每年增产的粮食就可养活7000万人。2020年11月，中国第三代杂交水稻双季稻亩产突破1500公斤，袁隆平团队再创新纪录。杂交水稻现在已在印度、美国、巴西等多个国家大面积种植。

《印度教徒报》在报道中引用了世界粮食奖基金会的一段话："袁隆平的新型杂交水稻不仅使中国受益，而且也被其他国家积极使用，他和他的研究团队去了印度、越南、缅甸和美国等国家，为当地的水稻研究人员提供建议和咨询，他们培训了来自50多个国家3000余名科学家。"

韩联社报道了袁隆平逝世的消息，文中表示中国工程院院士袁隆平以91岁高龄去世，引起了民众的哀悼浪潮，他在中国很受尊敬。

《日本经济新闻》称，半个多世纪以来，袁隆平为提高稻米产量进行品种改良，为解决中国粮食问题作出了贡献。

他的水稻使无数人摆脱了饥饿

联合国经济和社会事务部在推特上发文说："今天，我们哀悼一位真正的粮食英雄。中国科学家袁隆平通过研究杂交水稻拯救了很多人，使他们免于饥饿。他在91岁时去世，但是他关于消除饥饿的使命会一直延续下去。"

推特网友"MMIbneHoque"在推特上晒出了他和袁隆平的合影并发文称，"杂交水稻之父"——中国科学家袁隆平，以开发出世界上第一个商业可行的杂交水稻品种而闻名于世，这种水稻使无数人摆脱了饥饿，他的逝世是巨大的损失。

《潇湘晨报》　2021年5月25日

外媒和网友纷纷悼念袁隆平：谢谢您，养活了这个世界……

5月24日上午，"杂交水稻之父"、"共和国勋章"获得者袁隆平院士遗体送别仪式在长沙市明阳山殡仪馆举行，来自各地的民众自发前往殡仪馆送别袁老。

袁隆平逝世的消息不仅在国内引发网友集体悼念浪潮，也在海外社交媒体上引起很大反响。一些知悉袁隆平事迹的国际组织、外国政要、农业工作者和网友们也纷纷发布文字、照片以表达追思。

联合国经济和社会事务部官方推特发文缅怀袁隆平，称他是"真正的粮食英雄"（a true food hero）：

今日，我们悼念一位真正粮食英雄的离去。中国科学家袁隆平研发的杂交水稻使数百万人摆脱了饥饿。他于22日

去世，享年91岁，但他所留下的遗产和结束饥饿的使命将会长存。

马达加斯加农业、畜牧业和渔业部部长法努梅赞楚阿·吕西安·拉纳里韦卢5月22日在马达加斯加农业部网站发表文章《缅怀"杂交水稻之父"袁隆平院士教授》，字字情真意切：

我们为"杂交水稻之父"、中国工程院院士袁隆平教授的逝世感到悲痛。我谨代表马达加斯加共和国农业、畜牧业和渔业部并以我个人的名义表示深切哀悼。

得益于这位院士的研究成果，以及中国长沙"国家杂交水稻工程技术研究中心"与马达加斯加马义奇"国家杂交水稻工程技术研究中心非洲分中心"和马达加斯加农业部的坚实合作，马达加斯加农业生产者从杂交水稻革命性技术中获益，稻谷产量从3吨/公顷提高到10吨/公顷。农业部的许多技术人员都曾赴长沙杂交水稻研究中心培训，聆听过他的教诲。

祝愿通过杂交水稻技术的发展，袁院士"让全世界都有饱饭吃"的梦想在马达加斯加实现。愿敬爱的"杂交水稻之父"袁隆平院士安息。

值得一提的是，袁隆平的杂交水稻，就印在马达加斯加新版

20000阿里亚里纸币上。这也是该国最大面额的货币。

2017年8月23日,马达加斯加农牧渔业部专门派人前往长沙拜访袁隆平先生,并向袁隆平赠送了一张新版马达加斯加纸币。

一位马达加斯加官员解释说:"中国的杂交水稻在马达加斯加的种植面积越来越大,为了表达对您和中国的感谢,我们特意把水稻作为新版货币图案!"

尼日利亚前农业与农村发展部部长阿德希纳先后在推特上发布两条推文,其中一条还配上了与袁老的合影。

2013年7月11日,我在北京拜访了"杂交水稻之父"、2004年世界粮食奖得主袁隆平。我当时担任尼日利亚农业与农村发展部部长,当年83岁的袁博士彼时刚刚培育出每公顷产量17吨的超级杂交水稻。愿安息。

他还在推文中动情地写道:谢谢您,喂养了我们的世界。

世界第一株杂交水稻的发明者、全球粮食安全的推动者、享誉中国的科学家袁隆平博士于5月22日去世。他在耄耋之年研发了超级杂交水稻,于2004年获得世界粮食奖,谢谢您,喂养了我们的世界。愿安息。

来自世界各国的网友们也发

Abdul Jabbar Chandio
@Ajchandiio

回复 @zlj517

Condolence from Pakistan.
RIP #Yuan Longping

翻译推文

MMIbneHoque @MmIbne · 1天
Father of Hybrid Rice, Chinese scientist Yuan Longping, renowned for developing the World's first commercially-viable hybrid rice varieties that pulled countless people out of hunger, died of illness at 91 on Saturday, May 22, 2021. His passing is a great loss. Rest in Peace!

kjimmy@90 @jimmykay24 · 19小时
My heartfelt condolences to the entire peoples Republic of China and Family members. Rest In Peace Professor Yuan Longping 🖤🖤🖤🖤

①	
②	③

①来自巴基斯坦的悼念

②对所有的中国朋友和袁老的家人表示真心的慰问。袁隆平教授安息

③"杂交水稻之父"、中国科学家袁隆平，以发明世界首株可作商用的杂交水稻而闻名，将无数人拉出饥饿的泥潭，以91岁高龄在2021年5月22日去世。他的去世是巨大的损失。愿安息

文,甚至晒出与袁老的合照,对其为世界水稻种植和粮食安全的贡献表达感谢,网友表示:"袁隆平的去世是巨大的损失""袁隆平是20世纪最伟大的人物之一"。

《纽约时报》:袁隆平贡献的分量与诺贝尔奖相当

很多外媒也赞颂袁隆平对全世界粮食领域的卓越贡献。

5月24日,《纽约时报》发表长篇文章纪念袁隆平,文章写道,袁隆平的研究使得亚非地区的水稻大幅增产,使他成为中国拯救无数生命的民族英雄。

文章更是表示,按照影响力的广度来说,袁隆平贡献的分量与诺贝尔奖相当:

Mr. Yuan made two major discoveries in hybrid rice cultivation, said Jauhar Ali, the senior scientist for hybrid rice breeding at the International Rice Research Institute in Los Baños, the Philippines. Those discoveries in the early 1970s, together with breakthroughs in wheat cultivation in the 1950s and 1960s by Norman Borlaug, an American plant scientist, helped create the Green Revolution of steeply rising harvests and an end to famine in most of the world.

位于菲律宾洛斯巴诺斯的国际水稻研究所的高级研究员焦哈尔·阿里表示:20世纪70年代初,袁隆平在杂交水稻培育方面有两个重大发现。这两个发现与美国植物学家诺曼·博洛格50年代和60年代在小麦培育方面的发现一起,为粮食大幅增产,消除世界多数地区贫困的"绿色革命"打下基础。

Mr. Borlaug, who was awarded the Nobel Peace Prize in

1970, died in 2009. Mr. Yuan's research arguably had effects at least as broad, since rice is the main grain for half the world's population and wheat for a third.

博洛格在1970年被授予了诺贝尔和平奖，2009年去世。而袁隆平研究的影响力按理说至少在广度方面可以与其比肩。因为水稻是世界一半人口的主要粮食，而小麦是世界三分之一人的口粮。

"在杂交水稻领域，是中国在领跑"

文章还写道，在袁隆平同时期也有一些相关的科学研究和讨论，但应首推袁隆平。也因为他，中国成为杂交水稻的领跑者。

At that time, the world of rice scientists was full of talk of developing hybrid strains. Three similar papers on rice hybridization were published in 1971 by the International Rice Research Institute, by the Indian Agricultural Research Institute in Delhi and by a team of California researchers.

在当时，水稻界的科学家们对于培育杂交水稻有很多的讨论。1971年，国际水稻研究所、位于德里的印度农业研究所和加州的一个研究团队发表了三篇相似的论文。

But Mr. Yuan's paper was the most practical and detailed of the four. "His paper was much better in terms of the technology," Mr. Ali said. "It was China who led the game afterward."

但袁隆平的文章是最具可操作性和细节最丰富的。阿里表示："袁隆平的论文从技术上讲要好很多。在杂交水稻领域，是中国在领跑。"

His development of high-yield rice hybrids in the 1970s led to steeply rising harvests in Asia and Africa and made him a national hero in China, credited with saving countless lives.

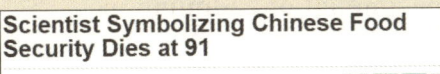

China's Yuan Longping dies; rice research helped feed world

By HUIZHONG WU   yesterday

Scientist Symbolizing Chinese Food Security Dies at 91

Alfred Cang, Bloomberg News

① | ③
② |

①《纽约时报》文章：《致力于消除饥饿的农业科学家袁隆平去世》

②彭博社：《象征着中国粮食安全的科学家去世，享年91岁》

③美联社：《中国的袁隆平去世，他的水稻研究帮助喂养了世界》

073

美联社称，随着袁隆平的突破性发现，全世界五分之一的水稻是由杂交水稻创造的。

Yuan spent his life researching rice and was a household name in China, known by the nickname "Father of Hybrid Rice." Worldwide, a fifth of all rice now comes from species created by hybrid rice following Yuan's breakthrough discoveries, according to the website of the World Food Prize, which he won in 2004.

袁隆平倾其一生研究水稻，他的名字在中国家喻户晓，他被亲切地称为"杂交水稻之父"。根据世界粮食奖的官方网站消息，随着袁隆平的突破性发现，全世界五分之一的水稻是由杂交水稻创造的。袁隆平于2004年获得该奖项。

即便到了晚年，袁老也从未停止研究：

Even in his later years, Yuan did not stop doing research. In 2017, working with a Hunan agricultural school, he helped create a strain of low-cadmium indica rice for areas suffering from heavy metal pollution, reducing the amount of cadmium in rice by more than 90%.

即便在晚年，袁隆平也未曾停止研究。2017年，袁隆平与湖南农业大学合作，培育出低镉水稻，可使饱受重金属污染之困地区的水稻平均含镉量下降90%以上。

彭博社、路透社、《今日报》等媒体也纷纷发文报道袁隆平，称赞其对世界粮食安全的贡献。

很多媒体注意到中国网友自发悼念袁隆平的情况，称袁隆平是中国非常受尊重的科学家。路透社写道：

Yuan was highly respected in China, whose vast population was ravaged by food shortages in the mid-20th century.

袁隆平在中国非常受尊重。在20世纪中叶，中国曾饱受粮食短缺的折磨。

Changsha residents gathered near the rice research institute where Yuan worked to pay their respects to the scientist, local media reported.

当地媒体报道，长沙市民聚集在袁隆平生前工作的杂交水稻研究中心来悼念袁隆平。

中国人民会永远记住袁隆平，世界人民也会永远记得。因为他活着，是为了多数人更好地活着。

这颗星永远不会陨落。

中国日报双语新闻　2021年5月25日

袁隆平逝世　　国外网友自发悼念

5月22日，"杂交水稻之父"、中国工程院院士、"共和国勋章"获得者袁隆平逝世，享年91岁。多家外媒对此消息予以关注和报道。

《南华早报》网站文章称，被誉为中国"杂交水稻之父"的袁隆平去世，他最出名的是在20世纪70年代开发了杂交水稻新品种，因此被誉为民族英雄。此前袁隆平在抖音上开设了自己的账号，一夜之间引起中国互联网轰动，累积了超过1500万的关注者——却没有发表任何内容。文章称，虽然之后该账号被证明并非由袁隆平本人开设，但他在中国的影响力可见一斑。

路透社则报道称，出生于1930年9月的袁隆平用杂交水稻帮助中国以不到全球9%的土地，养活了世界近五分之一的人口。

> ههڤاڵ مەحمود @haval_mahmod · 14分钟
> My condolences to the family of #China's famous scientist Dr. #YuanLongping, who passed away today(22/5) at the age of 91. He is renowned for developing the first #hybrid rice strains that have pulled countless people out of hunger.
> May Dr. Yuan Longping rest in peace!

"推特"网友评论

同时，各国网友纷纷发声，深切缅怀袁隆平。

社交媒体"推特"上，一位网友评论称："袁隆平为14亿人解决了粮食问题，一个伟大的人。"

> Muhammad Shahid @shahid_baloch92 · 44分钟
> other countries to substantially raise output.
> #Chinese scientist #YuanLongping, He solved the problem of saving over 14 billion Chinese people. 😌 The great man. #RIP #RestInPeace

"推特"网友评论

077

另一位网友深情地说：“尘归尘，土归土。……无须任何话语，安息吧。”

> **Frost MacTavish** @RealBiFace · 2小时
> #YuanLongping
> Once again on an occasion where "dust to dust, ashes to ashes" could be invoked. Yet if it were not fated, then the life of the rest of us would be bearing such a lightness that is barely bearable. Now then, save the words and noise, and rest in peace.

"推特"网友评论

在关于袁隆平逝世的"YouTube"视频下，一位孟加拉国网友表示：“我们的主食就是米饭，我们会铭记你的贡献。”

> **Nayeem Ahmed** 1小时前
> RIP Professor Yuan longping. Condolences from Bangladesh. Our main food is rice. We will remember you and your contribution.

孟加拉国 YouTube 网友评论

中国新闻网　2021 年 5 月 22 日

山河长忆

YUAN LONGPING

"杂交水稻之父"袁隆平院士

——一稻济世 万家粮足

杜若原 孙 超

2021年5月22日13时07分,"共和国勋章"获得者、中国工程院院士、国家杂交水稻工程技术研究中心主任袁隆平,因多器官功能衰竭在长沙逝世,享年91岁。

袁隆平院士逝世的消息传来,人们特地摘来青翠的禾苗,放在中南大学湘雅医院门前的空地上,寄托无尽的哀思。中南大学湘雅医院的医生护士,忍不住流下了眼泪。2021年4月初,91岁的袁隆平院士转入湘雅医院治疗。医护人员介绍,即使是住院了,袁隆平院士还在时时刻刻关心试验田里的稻子长得好不好,"问我们天气怎么样,外面气温多少度"。

"人就像种子,要做一粒好种子",这是袁隆平院士生前常说的一句话。他也用一生,为这句话写下了注脚。他是我国杂交水稻研究的开创者,也是世界上第一个成功地利用水稻杂种优势的科学家,被誉为"杂交水稻之父"。他冲破传统学术观点的束缚,于1964年开始研究杂交水稻,成功选育了世界上第一个实用高

1990年10月27日,湖南农科院,袁隆平在水稻田调查 谷一均 摄

产杂交水稻品种。杂交水稻的成果自1976年起在全国大面积推广应用，使水稻的单产和总产得以大幅度提高。20多年来，他带领团队开展超级杂交稻攻关，接连实现了大面积示范每公顷10.5吨、12吨、13.5吨、15吨的目标。2020年，又实现了周年亩产稻谷3000斤的攻关目标。

袁隆平院士1981年获得国家发明奖特等奖，2001年获得首届国家最高科学技术奖，2014年获得国家科学技术进步奖特等奖，2018年获得"改革先锋"称号，2019年被授予"共和国勋章"。他还相继获得联合国教科文组织"科学奖"等20余项国内、国际大奖。

就是这样一位功勋卓著、誉满全球的科学家，一直以来坚持带博士，坚持定期组织课题组研讨和会议，坚持亲自给研究员、普通学生等讲解最新的前沿科技。直到今年年初，他还坚持在海南三亚的国家南繁科研育种基地开展科研工作。如今，在他的身后，几代年轻的科学家，已经逐渐担当起振兴中国种业的重担。

在位于长沙马坡岭的国家杂交水稻工程技术研究中心，很多新来的研究生都是在稻田第一次见到袁隆平院士。他们说，袁老师经常说，电脑里长不出水稻，书本里也长不出水稻，要种出好水稻必须得下田。国家杂交水稻工程技术研究中心栽培师李建武说，"下田，是他对年轻人的第一位要求，也是他自己一辈子的追求。"

2009年春，本科即将毕业的李建武正在海南三亚的国家南繁科研育种基地实习，恰好赶上袁隆平院士来查看稻田。在田间，一块长势出众的稻田吸引了袁隆平院士的注意，他立即问身边人这块田是谁种的，大家便把李建武推了出来。正是因为"下田"的本领高强，本科毕业的李建武从很多博士、硕士中脱颖而出，被破格招录为国家杂交水稻工程技术研究中心的研究人员。"这永远激励着我把论文写在祖国的大地上。"李建武说。

"您去往了星辰，化作那颗编号8117的'袁隆平星'。我们将继承您的遗志，完成您未竟的事业！夜空中最亮的星，将指引我们前行……"国家杂交水稻工程技术研究中心副研究员、《杂交水稻》杂志副主编胡忠孝说，自己出生于湖南郴州莽山山区的农村，是袁隆平院士的精神激励着他选择了农学，激励着他一直向着杂交水稻的前沿探索。"袁老师有一个著名的禾下乘凉梦，那是我父辈的梦想，也是我的梦想。"胡忠孝说，"中国的农民养活着14亿人口，我们有责任为农民多做点事，做袁老梦想的践行者。"

湖南省农业科学院、国家杂交水稻工程技术研究中心（湖南杂交水稻研究中心）发文明志：全体干部职工将化悲痛为力量，继承袁隆平院士未竟的事业，继续追逐"禾下乘凉梦"和"杂交水稻覆盖全球梦"，为实现中华民族伟大复兴的中国梦不断拼搏，开拓前进。

《人民日报》 2021年5月23日

他把杂交水稻成就归功于所有"良人"

周 勉　白田田　袁汝婷　周 楠

"杂交水稻之父"袁隆平把一生都奉献给了杂交水稻，不仅解决了中国人的吃饭问题，也对保障世界粮食安全有巨大贡献。但他始终发自内心地认为，这些成就要算在所有"良人"头上。

"杂交水稻要想高产，离不开良种、良田、良法、良态和良人。"袁隆平弟子、杂交水稻国家重点实验室负责人邓启云满怀深情地回忆，"袁老师明确说过，所谓的'良人'除了科研工作者，更包括负责具体栽培的广大农民。"

今年70岁的湖南省怀化市溆浦县横板桥村退休老支书吴伟传是当地公认的种田"老把式"，从2005年起，就成为袁隆平团队在当地试验田的"执行官"，不仅曾全程负责超级杂交稻亩产1000公斤攻关的具体栽培，也是第三代杂交水稻亩产1200公斤攻关横板桥村试验点的田间负责人。

"我和袁院士经常通电话，有时候他会指导我，有时候我也会说出我的意见，还经常得到他的肯定。"老吴说，袁隆平只要来横板桥村查看试验田情况，就会特意登门拜访，并且给自己带礼物。

徐春芳是湖南杂交水稻研究中心在横板桥村这个老牌试验点的项目负责人。他回忆，袁隆平经常告诫中心的科研人员尤其是年轻人，到了基层不仅不许对农民指手画脚，还要多虚心请教，听听农民的意见。

长期跟踪采访袁隆平的记者对2011年9月23日记忆犹新。那天，在湖南各界为袁隆平和他的团队成功实现超级杂交稻亩产900公斤攻关目标而举行的祝捷大会上，当人们宣读着一封封贺信时，主席台上的袁隆平对自己的名字被频频提及有些不快，他手里拿着一支笔，低着头不停写着什么。

"成绩应归于大家，我只是研发团队中的一员。"轮到袁隆平发言时，他终于忍不住说出内心的真实想法，"我认为杂交水稻是大家干的。过去是这样，现在也是这样，将来也必将是这样。不光是杂交水稻领域研发团队，还包括植保、土肥、推广等领域的专家团队和基层工作人员、种粮农户以及有关涉农企业。"

当时在现场还有这样一个细节：走下主席台，好不容易从媒体"围堵"中脱身的袁隆平特意转过头叮嘱时任湖南杂交水稻研究中心产业处处长彭既明："农民的奖金发了没有？一定要记住把奖金分一部分给承担试验任务的老乡啊。"得到彭既明的肯定答复后，袁隆平脸上露出了满意的笑容。

袁隆平深知，自己几十年如一日投身杂交水稻研究，离不开"良人"们。

1970年11月23日,袁隆平的助手李必湖在海南南红农场工作人员冯克珊的帮助下,在当地一处沼泽中发现了后来被称为"野败"的雄性不育野生稻,由此打开了杂交水稻研究的突破口。

　　1971年到1972年,全国10多个省区的科研人员来到南红农场,袁隆平将"野败"分送给全国18个单位。当时由中国农科院牵头,全国共有13个省区参与进来,形成了一场以"野败"为主要材料培育三系的攻关大会战。在这样的大背景下,我国很快育成了第一个水稻雄性不育系"二九南1号A"及其相应的保持系"二九南1号B"。其间,江西、福建、新疆、广西都获得了一批成功群体,我国第一批野败型细胞质骨干不育系和相应保

2017年10月15日,河北邯郸,袁隆平院士在河北硅谷农科院超级杂交水稻百亩示范田查看超级杂交水稻生长情况

持系宣告育成。这奠定了我国杂交水稻研究领先世界的基础。

进入 21 世纪，超级杂交稻攻关、海水稻攻关和第三代杂交水稻攻关，每一次都是全国数十个甚至上百个试验田协同作战、优中选优，参与人员更是不计其数。

"杂交稻从来都不是我一个人的功劳，我最多就算一个带头人。"袁隆平时常说。

新华社　2021 年 5 月 25 日

他不是"米菩萨"，他是人民的科学家！

谭 剑

5月23日，81岁的杨善清早早起床，在袁隆平先生的"网络吊唁厅"上献花。他特意委托女儿在网页留言上打上重重的一行粗体字："沉痛悼念袁隆平先生——生前友好杨善清。"

2012年09月02日，四川省成都市，82岁的袁隆平院士来到成都，前往国家杂交水稻工程技术研究中心成都分中心基地视察

杨善清是新华社湖南分社原农村采访部主任、高级记者，也是得到袁隆平先生"亲自认证"的新闻界的好朋友之一。自1970年起，杨善清前后报道袁先生长达30年，是最受先生信任的记者之一。

"得知袁先生病危的消息，感到很突然，消息确认后，心里非常悲痛。"杨善清说，想过这一天迟早要来，但是没有想到会来得这么快。

因身体原因不能亲临吊唁，杨善清在家中以"六鞠躬"的方式，向袁先生表达敬意。

翻开一张张照片，杨善清深情回忆起数十年来报道袁隆平先生的点点滴滴。

"1970年，我刚从新华社贵州分社调湖南分社工作，那时我30岁，袁先生40岁。"杨善清回忆，初遇袁隆平是在湖南省委第五招待所举办的一次学术会议上。当时的袁先生正当盛年，"精干、健谈、谦虚"，皮肤黝黑、个子不高，不像个科学家，倒像是乡间常见的农民。

"后来才知道他也是江西人，和我是老乡。"会后，杨善清受邀与袁隆平同车赴江西萍乡考察一处试验田。"那时候交通不便，路上时间长，先生和我有说有笑，除了聊杂交水稻，大多数时间在拉家常。"

袁隆平聊起年幼时亲历的日军轰炸，痛感中国要自强；还聊起年轻时看到老百姓吃不饱肚子，心里很难受。"听得出来，这些经历在他心里留下了深刻的印记。"杨善清说，后来他把这些故事都写进了报道里。

杨善清采访袁隆平院士

此后,杨善清就一直跟踪报道袁隆平和杂交水稻,直到2000年退休。在杨善清心中,袁隆平有丰功伟绩,有耀眼光环,但更是一个真实可敬的好老师、好兄长、好朋友,有时又像一个有趣的小老头。

"他说自己一辈子就干了一件事。"通过新闻报道,杨善清看到,袁隆平在生命的最后几天里,仍在询问气温情况,关心其对水稻生长的影响。他说:"这就是真实的袁先生,任何时候,杂交水稻都是他的命根子。"

杨善清回忆,20世纪70年代,他经常采访袁隆平和他的学生李必湖、尹华奇等人。那时,袁先生和他的团队为了加速繁殖不育材料,每年南来北往,不断奔波。在海南时,袁

091

隆平和伙伴们的育种基地设在三亚荔枝沟一个废弃火车站的几幢破旧房子里，条件十分简陋。直到1993年，还要在两棵椰子树上拉根铁丝晒衣服，吃饭靠自己动手，喝水靠大锅烧开。长期饥一顿饱一顿的，先生的胃病就是在那时落下的。

就是在那样艰苦的环境下，袁隆平和他的团队取得了一个接一个举世瞩目的科研成果。

条件虽然艰苦，但袁隆平最擅长的是"苦中作乐"。劳累一天后，到了晚上，先生就和伙伴们一起打扑克、打麻将、下象棋，和大家一样，输了就"钻桌子"。

在杨善清印象中，袁隆平总是那样开朗乐观，但有一次例外。那次采访中，他回忆起1975年1月老父亲去世时的情形时说，父亲在弥留之际让家人不要通知他，让儿子在海南"干大事"。得知消息后，父亲的丧事已经办完。袁隆平为此深深自责，独自一人爬上基地旁的一个小土丘，遥望北方，泪如雨下。

杨善清说，多年来，袁隆平把全部精力都放在杂交水稻上了，很多时候家里的事照顾不上。孩子都是他的夫人一手带大，就连给儿孙取名字这种事情，他也显得漫不经心，第一个叫"五一"（小名），以后的就叫"五二""五三"，雨过天晴生的叫"友晴"，"雨水"（节气）生的就叫"友清"。

"不是说袁隆平不重视，而是他觉得这些事情真的不重要。"杨善清说，实际上袁隆平最讲感情，无论是对家人、对朋友、对学生、对身边工作人员，都是坦诚相待，从不负人。

1987年，因为他在杂交水稻研究方面取得的突出贡献，一个国际组织颁发给袁隆平1.5万美元奖金。他把奖金全部捐献出来，

袁隆平院士和夫人（左二）在家中宴请三位"我们新闻界的好朋友"

设立了"袁隆平杂交水稻奖励基金"，用于奖励对杂交稻推广有功的人员。

2001年，袁隆平得知杨善清退休的消息后，把杨善清和湖南省内另两位老记者请到湖南杂交水稻研究中心，亲自为他们颁发了证书，杨善清还清楚地记得，自己的证书上面有袁隆平手书的"我们新闻界的好朋友——杨善清同志"。

"他是一个心里装着老百姓的人。"杨善清说，对于他的农民朋友，袁隆平看得如同亲人。在安江农校时，他就和当地老农向福财成了"忘年交"，调到长沙后，还邀"福财叔"到家里做客。

"他心里装着老百姓，老百姓当然就会记着他。"杨善清说。

有一次，一位长沙宁乡的农民，大年初三就专程赶到袁隆平家里，只为当面给他朗诵一首诗歌。还有一位叫曹宏球的郴州农民，自掏腰包请人为袁隆平塑了一尊一吨重的汉白玉雕像。

"这样的事还有很多。"杨善清说，一次在溆浦县采访，当地百姓知道袁隆平来了，从十里八乡赶过来，马路两边都挤满了人，人头攒动中，忽然有人高喊"袁隆平，米菩萨"。杨善清说，这是他第一次听到有人叫袁隆平"米菩萨"。

先生逝世，群众的自发悼念盛况让杨善清动容。"袁先生完全配得起这样的'待遇'。"杨善清眼眶湿润，他说，"袁先生不是'米菩萨'，他是当之无愧的人民科学家！"

《新华每日电讯》　2021年5月25日

痛别！
中国"杂交水稻之父"袁隆平逝世

2021年5月22日13时07分，"共和国勋章"获得者、中国工程院院士、国家杂交水稻工程技术研究中心主任、湖南省政协原副主席袁隆平，因病逝世，享年91岁。

一次出游让他找到了一生的目标

袁隆平出生于北京，祖籍江西。

因为父母的关系，袁隆平的少年求学时代去过很多地方，见识到了不少地方的风土人情。小学一年级，学校组织到武汉郊区的一个园艺场参观。对于在城市里住惯了，从没见识过果园的袁隆平来讲，那次郊游十分奇妙。

"从此，每到桃子成熟的季节，我记忆中那个美丽的果园便飘进我的心灵，满园里郁郁葱葱，到处是芬芳的花草和一串串鲜艳的果实。我觉得那一切实在是太美丽了！美得我当时就想，将来我一定要去学农。"袁隆平说。

2009年4月21日下午,袁隆平院士回到母校湖北武汉四中"寻根"。中学生为院士校友袁隆平献花

    1949年夏天,袁隆平高中毕业后,父亲打算让他报考南京中山大学,但袁隆平却有自己的想法。他说,他想当一个农业科学家。"把饭碗掌握在中国人自己手上",这个心愿,他守护了近70年。

那一点意外发现 慢慢"生根发芽"

    在20世纪60年代,粮食问题是生活中的大问题。由于物资匮乏,按月取粮成为当时每个家庭获取粮食的唯一途径。也就是

袁隆平的大学毕业证书

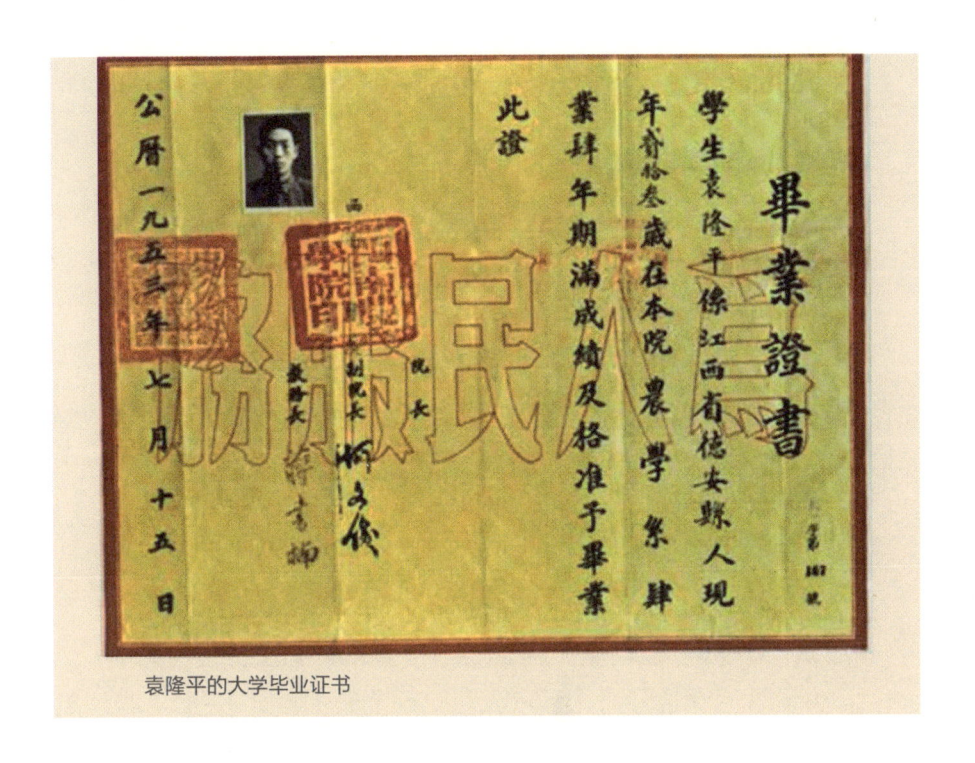

在这个时候,袁老发现了试验田里的第一株天然杂交稻,继而推开了水稻杂交试验的大门。

1953年7月,袁隆平从西南农学院(现西南大学)农学系毕业,同年被分配到湘西雪峰山麓安江农校教书。

1961年7月,袁隆平在农校试验田中意外发现一株特殊性状的水稻。他利用该株水稻试种,发现其子代有不同性质。因为水稻是自花授粉的,不会出现性状分离,所以他推论该株为天然杂交水稻。随后他把雌雄同蕊的水稻雄花人工去除,授以另一个品

水稻雄性不孕性的发现

水稻具有杂种优势现象，尤以籼粳杂种更为突出，但因人工杂交制种困难，到现在为止尚未能利用。要想利用水稻的杂种优势，首先必须解决大量生产杂种的制种技术，从而进行杂种优势育种的研究和实际成果来看，解决这个问题的有效途径，首推利用雄性不孕性。

为了觅获水稻的雄性不孕材料，我们最近两年在水稻大田进行了逐穗检查工作，发现一些雄性不孕植株，现将发现过程和初步观察结果，报导如下。

方法和经过

一、水稻雄性不孕植株，是1964和1965年在湖南省安江农校实习农场及附近生产队的水稻大田中检查出来的。已知花药不开裂最后

袁隆平论文手稿

种的花粉，尝试产生杂交品种。他知道，水稻天然杂交只有千分之一的可能性。不过，一旦杂交成功产量也许会倍增。

1966年2月，袁隆平发表第一篇论文《水稻的雄性不孕性》，刊登在中国科学院主办的《科学通报》半月刊第17卷第4期上。同年5月，国家科委九局局长赵石英看到后，以科委九局名义致函湖南省科委与安江农校，支持袁隆平的水稻雄性不育研究活动。

700公斤、1500公斤……
他屡屡打破自己创造的世界纪录

成功不是一蹴而就，在袁老研究和试验杂交水稻的过程中，也有过失败与质疑。

1971年春，湖南省农业科学院成立杂交稻研究协作组，袁隆平调省农业科学院杂交稻研究协作组工作。两年后，袁隆平在苏州召开的水稻科研会议上发表了《利用"野败"选育三系的进展》的论文，正式宣告中国籼型杂交水稻"三系"已经配套，产量在原来基础上增产一倍有余。

1986年，袁隆平正式提出杂交水稻育种战略：由三系法向两系法，再到一系法，在程序上朝着由繁到简但效率更高的方向发展。

9年努力，两系法获得成功！1996年，农业部正式立项超级稻育种计划。4年后，第一期每亩700公斤目标实现。随后便是2004年800公斤、2011年900公斤、2014年1000公斤的"三连跳"。

2014年10月10日,湖南溆浦县横板桥乡红星村超级稻基地,袁隆平院士查看超级杂交水稻生长情况

2020年11月2日,第三代双季杂交稻亩产3000斤攻关测产在湖南衡南县启动。测产结果显示,晚稻平均亩产为911.7公斤。2020年7月,衡南基地早稻高产攻关田进行了测产验收,测得早稻平均亩产为619.06公斤。第三代双季杂交稻亩产达到1530.76公斤,湖南衡南基地冲击双季稻亩产纪录成功!袁老的90岁生日愿望也在这一刻实现。

这位"90后"的逐梦脚步从未停下

2019年9月29日上午10时,中华人民共和国国家勋章和国家荣誉称号颁授仪式在北京人民大会堂金色大厅隆重举行,中共中央总书记、国家主席、中央军委主席习近平向"共和国勋章"获得者袁隆平颁授勋章。

当天接受记者采访时，袁隆平说："总书记问我，有什么进展？我说，我们正在向1200公斤亩产冲刺！"

是什么让这位身披无数荣誉的老人在90岁高龄依然努力奋斗？正是梦想的力量。

袁隆平院士曾说自己有两个梦想：一个是禾下乘凉梦，一个是杂交稻覆盖全球梦。"全球有一亿六千万公顷稻田，如果一半，有八千万公顷（种杂交水稻），那现在的情况，每公顷增产两吨，可以多养活五亿人口。"

他，是稻田里的守望者。

袁老，走好！

央视新闻客户端　2021年5月22日

追忆袁隆平：
义无反顾跳进"农门"，
他是稻田里的"追梦人"

郭　静　刘　黎　姜文婧

据中央广播电视总台中国之声《新闻晚高峰》报道，2021年5月22日13时07分，"共和国勋章"获得者、中国工程院院士袁隆平，因病逝世，享年91岁。

中国之声记者曾多次采访袁隆平院士，他是稻田里的"追梦人"，他的逐梦脚步从未停下。一句"把饭碗掌握在中国人自己手上"，这位"杂交水稻之父"守护了近70年。

"我就是贪产量，不满足"

近日有关袁隆平院士的消息是在5月9日。当天上午，在三亚国家水稻公园示范点，"超优千号"超级杂交水稻开始测产。最终测产结果为平均亩产1004.83公斤。

为保障国家粮食安全，袁隆平院士提出了杂交水稻双季亩产

3000斤的攻关目标，并于2020年12月20日在大三亚召开了全国杂交水稻双季亩产3000斤项目启动会，成立以袁隆平院士为首席科学家的项目攻关领导小组。对水稻产量，袁隆平一直有执着的追求。

袁隆平：想贪财的人有百万想千万，千万想一亿。我这个（人）就是贪产量。到了几百公斤贪八百公斤，八百公斤贪九百公斤，九百公斤想一千公斤。最后一千二百公斤（每亩），十八吨（每公顷）。不满足啊，因为这是个有意义的事情。

袁隆平，1930年9月7日出生于北京。1949年，19岁的袁隆平高中毕业，即将报考大学。他面临人生第一次重大选择。父亲袁兴烈希望他报考南京的重点大学，日后学成，走"学而优则仕"的道路。袁隆平却想回重庆读农学院。从小在城市长大的他始终难以忘记小学一年级那次郊游的经历。

袁隆平：在武汉读小学一年级的时候一次郊游，我们老师带我们到附近一个资本家办的园艺场，正好那是6月上旬的时候，那个桃子结得满树都是，红红的，那个葡萄一串一串的。哎呀，那个花圃也搞得很好，哎呀，我说这个学农才美！小的时候第一次印象很深，就是说我要学农！

说服父母，袁隆平义无反顾地跳进"农门"，报考了重庆相辉学院农学系（后经过调整并入西南农学院农学系）。

1953年7月，袁隆平大学毕业，成为新中国培养的第一批大学生。毕业后，他去了湖南省黔阳县的安江农业学校当老师。学生们回忆，他课上得好，"他不讲究，黑板写满了，把手一缩，抓起袖子就擦"。

这一年，全国性的土地改革刚刚完成，农民获得土地，真正实现了"耕者有其田"。但是，饥饿的魔咒还没有远离。和经历过那个年代的人一样，袁隆平一直对饥饿记忆犹新。

袁隆平：像我们这样的年纪，过过"三年困难时期"，没有饭吃，日子是真难过啊，要饿死人的！特别是我们国家，人口这么多，人均耕地这么少，粮食安全特别重要。中国人的饭碗要端在自己手里面，不要靠人家。我们现在就是为自己解决粮食问题在奋斗。

1961年7月的一天，和往常一样，袁隆平行走在稻田里。这时，一株特殊的水稻引起了他的注意。

袁隆平：突然发现有一株"鹤立鸡群"的稻长得特别好，穗子很大，很整齐，籽粒很饱满，我很高兴喽。当时估计这个品种可以产一千斤。第二年我把它播下去，播了一千株，很好地管理，天天到田里面去观察，望品种成龙。结果一抽穗，大失所望，高的高，矮的矮，早的早，迟的迟，没有一株有它的"老子"那么好。

虽然后续的试验并不成功，那株"鹤立鸡群"的水稻却启发了袁隆平："是否可以用人工方法利用杂种优势，培养杂交水稻？"

他弯腰驼背埋在稻田里，检查了几十万株稻穗，终于在1964年和1965年找到了六株雄性不育株。

不过，当时国际权威科学家普遍认为，水稻等自花授粉作物没有杂种优势。他的研究并不被看好。

袁隆平：很多人反对。当时流行的（观念是）水稻是没有杂种优势的，压力很大。我们就做了一个试验，面积不小呢，有四分田，长得特别好。最后收获、验收时，糟糕，稻谷产量减产，大概减产了3%左右，减产了几十斤。稻草增产了将近70%。后来人家讲风凉话，"可惜人不吃草啊，人要是吃草，你这个杂交稻就大有发展前途"。

遭到质疑，更经历过失败，但袁隆平没有放弃。他像"追着太阳的候鸟"一样，不辞辛劳地在湖南、云南、海南、广东等地辗转研究。1970年，他的学生在海南南红农场沼泽中发现1株花粉败育的雄性不育野生稻，袁隆平将它命名为"野败"。杂交水稻研究从此打开了突破口。

1971年到1972年，全国十多个省区的科研人员齐聚海南，袁隆平慷慨地将"野败"分送给大家，形成了一场以"野败"为主要材料培育三系的全国攻关大会战。1973年，在第二次全国杂交水稻科研协作会上，袁隆平正式宣布籼型杂交水稻三系配套成功，标志着我国水稻杂交优势利用研究取得重大突破。之后，杂交水稻的优势不断被证明。1996年，农业部正式立项超级稻育种计划。4年后，第一期每亩700公斤目标实现。随后便是2004年800公斤、2011年900公斤、2014年1000公斤的"三连跳"。

袁隆平：1000公斤是在2014年实现的，在湖南省溆浦县实现的。现在向1200公斤高产（迈进），一直是领先于全世界，这个大家共同努力，也是我们中国值得骄傲的一个地方。

选育"海水稻"，走出一条新路来

耐盐碱水稻，被形象地称为"海水稻"，其实这类水稻并非生长在海里，而是在海边滩涂等盐碱地生长。2016年10月12日，青岛海水稻研究发展中心正式挂牌，中心由袁隆平担任主任和首席科学家。

当时，他带领的研发团队在位于新疆、黑龙江、山东（注：山东有两处）、浙江和陕西的6个试验基地种植耐盐碱水稻，为我国大面积盐碱地筛选优势耐盐碱水稻品种。试验阶段性状表现良好的海水稻品种，究竟能不能经得起检验，2019年迎来关键之年。2019年5月，中国之声记者在长沙见到了袁隆平。

2019年5月，见到袁隆平时，他刚从三亚育种基地回到长沙，一见到青岛海水稻研发中心副主任张国栋，开口就问稻子种上没。

袁隆平：还没插秧吧？

张国栋：还没，刚播种。

袁隆平：才播种啊？

张国栋：因为现在青岛气温有点低。

袁隆平：才播种哦……

张国栋：YC0045都播上了，种1000亩。

袁隆平：播种了？好。9月份的时候再去看，到快成熟的时候再去看。

湖南长沙，国家杂交水稻工程技术研究中心，袁隆平办公室的茶几上，放着一把系着红绳子的稻穗和一包大米。这把稻穗正是2017年9月测产达到620.95公斤的耐盐碱水稻。

袁隆平：刚才你们看的那个穗子，就是这个，它不是常规稻。6‰的海水浓度上面种，能产到620公斤。

1974年的春天，袁隆平亲自培育的中国第一个强优势杂交稻"南优2号"在安江农校试种，亩产628公斤，一石激起千层浪。

记者：看到自己研究出来的杂交稻亩产628公斤高兴，还是现在海水稻亩产620公斤您高兴？

袁隆平：是一样的，同样地有意义。不同的难度，不光是产量，海水稻要耐盐碱，这个难度很大。

2012年，袁隆平开始选育耐盐碱水稻，他想再走出一条新路来。

袁隆平：我们国家人口这么多，耕地有限。原来提高产量只有一条途径，就是提高单位面积产量。现在，有一条新的路径就是把盐碱地利用起来，就可以扩大耕地面积。

袁隆平经常给别人算一笔账，花8年时间把耐盐碱水稻推广到一亿亩，每亩最低产量300公斤，一年可以产300亿公斤粮食，多养活八千多万到一亿人口。研究中，袁隆平继续选择了"杂交"的途径。这几年，他每年都要在海南的育种基地待个大半年。

袁隆平：我们所选育的品种，要8个世代，如果不到海南岛，一年在湖南才种一代，要8年才出一个品种。我到海南岛，加上大棚等，我们就是不到3年就有8代，就可以出一个品种。这个周期很长的一个品种，又不能拔苗助长。

袁隆平和水稻"较劲"了大半辈子，也一直坚持亲自下田。90岁高龄却依然管不住他那双迈向稻田的腿，收不住他那颗向着水稻的心。他也认可，不论哪个水稻品种，追求的目标除了高产，必须要口感好。

袁隆平：现在就是我们既要高产，还要优质。（原）农业部颁布的优质米有12个指标，现在主要就是要口感好。谷子打成米之后碎米少，还有直链淀粉含量的高低、胶稠度。

"我有两个梦：一个是禾下乘凉梦；一个是杂交稻覆盖全球梦"

2019年9月5日，在袁隆平的办公室，中国之声记者记录下这一幕。记者请即将获得"共和国勋章"的袁隆平为听众网友读一首诗，他称自己不懂诗词，周围人提起苏轼的"大江东去"、辛弃疾的"稻花乡里说丰年"，他都连连摆手；只有当提起他的湖南老乡毛泽东时，他瞬间笑眯了眼，他尤其喜欢《七律·长征》，连称："这个好！这个好！"

袁隆平：红军不怕远征难，万水千山只等闲。五岭逶迤腾细浪，乌蒙磅礴走泥丸。金沙水拍云崖暖，大渡桥横铁索寒。更喜岷山千里雪，三军过后尽开颜。

2013年4月8日，海南三亚杂交水稻南繁基地，袁隆平院士在荡秋千　郭立亮　摄

记者：就说这首好不好？

袁隆平：毛主席的很多诗，我认为这首是最好的，它是革命乐观主义，其实是在特别艰苦的情况下做的这件事（长征）。

其间，90岁高龄的老人两次卡壳，像极了被"背诵全文"难倒的我们。当时，再过两天恰是袁隆平的生日，他笑称自己即将正式成为"90后"。

袁隆平：我最大的特点就是自由散漫，不遵守规矩。

记者：您这样能够有创意，敢想。您80岁的时候的生日愿望是（亩产）一千公斤，已经实现了，90岁，您也许了愿？

袁隆平：我现在是"90后"了。愿望，一个是超高产，向（亩产）一千二百公斤冲刺。第二个愿望，是覆盖全球梦，把我们最好的杂交稻推向全世界。

2019年，中国之声记者两次去湖南长沙，在袁隆平的办公地点，记者看到墙上挂着两块牌子，一块是"国家杂交水稻工程技术研究中心"，另一块是"湖南杂交水稻研究中心"。办公楼的门脸上，是袁隆平的题词"发展杂交水稻 造福世界人民"。

袁隆平：我有两个梦，一个梦就是高产、更高产，就是禾下乘凉梦，这是真正做到的梦，在我们高产杂交稻穗下乘凉。第二个梦就是杂交稻覆盖全球梦，走出国门，让杂交稻为世界的粮食安全和世界和平作出贡献。

央广网　2021年5月23日

归去来兮　红莓花开
——追记袁隆平的音乐情缘

周　勉　刘良恒

在袁隆平院士临终前，家人围在他身边，轻轻哼唱起一首《红莓花儿开》。因为这首苏联歌曲是袁老最爱的歌曲之一，代表着袁老美好的年轻时代。

读大学期间，他有几个非常要好的同学，其中一位会拉小提琴，"什么都想学一点"的袁隆平便拜他为师。袁隆平喜欢古典的小提琴曲，因为可以把自己带入"很舒服、很美好的境界"。几个人常常聚在宿舍一起练琴唱歌，因为嗓音低沉，同学们还给袁隆平起了个外号叫"大 bass"（男低音）。那个时候新中国刚刚成立不久，苏联歌曲十分流行，唱《喀秋莎》《红莓花儿开》是一件很时髦的事儿。

1953 年 7 月，袁隆平从西南农学院毕业，因为表示愿意到长江流域工作，于是他被分配到了位于湘西雪峰山脚下的安江农校。袁隆平在地图上找了半天，才发现安江农校在那么偏僻的地方。有同学说，如此偏僻，恐怕"一盏孤灯照终

2010年7月23日，湖南杂交水稻研究中心，袁隆平院士在办公室拉小提琴　张天明 摄

身"。但是袁隆平轻松地回应："我会拉小提琴，到了那里，寂寞的时候就拉琴，可以消遣。"

袁隆平来到湖南安江农校任教后，学校开设俄语课又没有俄语老师，于是便让学过俄语的袁隆平任教，袁隆平便把自己的音乐才华运用到教学上。他不仅利用俄语歌曲来教学生们发音，还教大家拉小提琴，这首《红莓花儿开》便是出现频率最高的一份"教材"。这不仅塑造了学生们开朗乐观的性格，也让班上的氛围特别团结友好。

袁隆平曾提及，班上的文体委员叫李俊杰，很有音乐天赋，于是自己时常"开小灶"教他拉小提琴，还把自己那把使用过多年的琴也送给他。两人关系亦师亦友，李俊杰会自己写歌，每次写好就拿给袁隆平修改，然后俩人就"高兴地一起唱起来"。

　　担任了一年俄语老师后，袁隆平开始教授遗传学。自称"自由散漫"的袁隆平教学方式也确实不拘一格。他常常带着学生下田做试验、上山采标本，再回到学校自制图表。而这些教学方法，也为日后袁隆平正式投身农业科研奠定了基础。

　　1963年冬天，爱打球、爱搞文艺活动，还会拉小提琴的袁隆平与小自己8岁、有着同样爱好，曾经是自己学生的邓则确定了恋爱关系，他们在1964年结婚。从此，两人恩爱了一辈子。

新华社　2021年5月23日

一辈子都热爱运动

——"杂交水稻之父"袁隆平深切的体育情缘

周 勉

2021年5月22日,"共和国勋章"获得者、"杂交水稻之父"、中国工程院院士袁隆平因病医治无效在长沙逝世。这位为我国和世界粮食安全作出不可磨灭贡献的老人生前曾一直强调自己的两个梦想:"禾下乘凉梦"和"杂交水稻覆盖全球梦"。其实,年轻时代的袁隆平还曾做过一个"体育报国梦"。

袁隆平的母校武汉博学中学前身是一所教会学校。在这里就读期间,袁隆平喜欢上了游泳和球类运动。1947年,湖北省举办全省体育运动会,学校挑选了十多名体格魁梧的同学参加游泳选拔赛。一开始,袁隆平因为"个子太小"被体育老师拒绝,但他却在出发那天悄悄让一名同学用自行车驮着他跟了去。老师无奈笑道:"你既然来了,就试试看吧!"结果出乎所有人预料,那次选拔赛,袁隆平获得100米和400米自由式两个第一名,并且在随后的省运会上拿到两块银牌。

1952年,在西南农学院上学的袁隆平报名参考空军,打算奔赴抗美援朝前线。当时全校共有800多名学生报名，但经过36个项目考核之后只有8个人合格，袁隆平就是其中之一。后来因为战事缓和，国家需要建设，加之当时大学生本来就很少，已经参加完欢送会的袁隆平和其他同学又被退了回来。

当年，袁隆平还参加过贺龙元帅主持的西南地区运动会，结果在成都美食的诱惑下，袁隆平在比赛前一天"吃坏了肚子影响了发挥"，最终遗憾排名第四。"当时排在我前面的三个人都进了国家队。"袁隆平后来在回忆时打趣道，"飞行员没有当上，国家队选拔把我淘汰了，我是没办法才选择了搞农业。"

游泳是袁隆平一辈子的爱好。为了庆祝与夫人邓则的新婚，袁隆平甚至夜里11点还拉着邓则的手去河里游泳。为了预防渔民放置的渔网缠住脚，袁隆平专门带了一把小剪刀，然后两人"游了个痛快"。进入湖南杂交水稻研究中心工作后，袁隆

2007年7月30日，袁隆平院士在湖南长沙游泳

平和团队成员每年12月到次年4月都要前往海南三亚的南繁基地进行科研攻关。早几年身体状况允许时，袁隆平几乎每天都要去海里畅游一番。

除了游泳之外，袁隆平最爱的体育项目就是气排球了。"不管在场上还是在场下，他都非常投入，乐在其中。"杂交水稻国家重点实验室副主任吴俊回忆，近几年打不动球了，他要么在赛前上场开个球过过瘾，要么坐在场下助威，谁打了好球就大声叫好，碰到哪个打得匡瓢（长沙方言，意思是办砸了事情），"他就在场下哈哈大笑"。

2007年5月11日，袁隆平在打气排球　张京明 摄

进入耄耋之年后，袁隆平喜欢自称为"80后""90后"，他喜欢看单位的年轻后辈打气排球，不愿意加入"老年队"。他曾这样形容自己："80岁的年龄，50岁的身体，30岁的心态。"

记者曾亲身体会过一次袁隆平对气排球的喜爱。2017年，湖南省农科院举行气排球比赛，有采访任务的记者前去体育馆采访袁隆平。比赛开始前，袁隆平坐在主席台的位置上接受记者的采访，尽管滔滔不绝，但眼睛却一直盯着场上。突然，随着一声哨响，比赛开始了，这个时候袁隆平立刻把站在他侧前方的记者推开，像个小孩子一样说道："先不采了先不采了，你让开，我要看球了。"

2008年6月3日，奥运圣火在岳阳市传递，袁隆平院士担任第一棒火炬手　郭立亮 摄

2020年90岁生日的时候，袁隆平坐在沙发上和大家闲聊，他说自己最喜欢的运动员是郎平，女排精神曾经一度给予了他很大的鼓励。他还说，女排精神和他自己的性格其实是一样的，那就是永远不害怕失败、不断攀登高峰。

在2008年北京奥运会时，袁隆平被选为奥运火炬手，并且还是奥运圣火在湖南传递时的001号火炬手。跑完接受采访时，他表示自己非常高兴，希望奥运精神在湖南、在中国不断发扬光大。

袁隆平逝世以后，不少体坛名宿和运动员表达了哀思。他最喜欢的郎平指导22日晚上在微博上写道："深切缅怀袁隆平院士。您心里记着人民，人民永远怀念您！"乒乓球奥运冠军邓亚萍写道："送别袁老，您一路走好。"游泳名将傅园慧也在微博上写道："谢谢袁爷爷让我们都能吃饱饭，爷爷走好。"综合格斗女将张伟丽则用"国士无双"来评价袁隆平院士。

国士已逝。但如此热爱体育的袁隆平，在毕生研究杂交水稻中体现出的不怕失败、永攀高峰的精神，也是贡献给中国体坛的一笔宝贵财富。

新华社　2021年5月23日

袁隆平，他心底的五个人生"头条"

周 楠 白田田 周 勉

5月24日晨，湖南长沙。

人们向明阳山殡仪馆集聚，送别袁隆平。

他说："人就像种子，要做一粒好种子。"如今，这粒种子，已深深扎根在百姓心中。

他爱好自由，"上班不打卡，下田最快乐"。

既是榜样，也是凡人。从家人、同事的讲述中，记者拼凑出一些细节，发现这粒种子的一生，扎根心底的五个人生"头条"。

学农

"为什么学农？"

1949年，高中毕业，在如何填报大学、专业的问题上，袁隆平与父母产生了分歧。

父亲希望他报考重点大学，学理工、学医。母亲说："隆平，爸爸的意见你还是要认真考虑。"

19岁的袁隆平自有打算。小学一年级时，学校组织去武汉郊区的一个园艺场郊游，"那个桃子结得满树都是，红红的，那个葡萄一串一串的。哎呀，那个花圃也搞得很好，哎呀，我说这个学农才美！小的时候第一次印象很深，就是说我要学农"！

他还想起卓别林的电影《摩登时代》。镜头里满是随手可摘的水果，想喝牛奶，奶牛走过来顺手接一杯……

"两者的印象叠加起来，心中就特别向往那种田园之美、农艺之乐。"

这是从未过过农家生活的袁隆平执拗的想法。

但他更有道理跟父母争辩：农业多重要！吃饭是第一件大事，没有农民种田，人们就不能生存。

他如愿报考了重庆相辉学院农学系。跳进"农门"，这是决定人生道路的"头条"。

有趣的是，大学临近毕业时，他才第一次真正深入、住进农民家里。"真正的农村原来又苦又累又脏又穷"，他意识到少年的梦想，背后竟是美丽的"误会"。

命运使得这粒种子，在西南的"原野"落地生根。

袁隆平后来说，在那个年代，看到农民挨饿受穷，作为一名农业科技工作者，他感到自责。

问稻

原安江农校的20多名师生代表来了，从怀化到长沙，他们呼唤："袁老师，一路走好。"

袁隆平当回应。在那里，他收获了最幸福的"头条"。与邓则相遇，偕老终生。

1953年，袁隆平被分配到湖南省黔阳县安江农校。家庭出身不好，打扮随意，他也多次相亲过，最后成了学校的"大龄青年"。

这个场景他时常谈起，1963年冬天，热心的同事帮他张罗相亲，他尴尬地发现对方竟是自己曾经的学生邓则。

印象中，邓则端庄大方，性格温和，能歌善舞，篮球还打得不错。袁隆平动了心，鼓起勇气给邓则写了一封情书。

"茫茫苍穹，漫漫岁月，求索的路上，多想牵上，一只暖心的酥手；穿越凄风苦雨，觅尽南北东西，蓦然回首，斯人却在咫尺中。"

相恋，求婚，邓则爽快答应，两人浪漫"闪婚"。穿越五十七载风雨坎坷，亦妻亦师亦友。

3个孩子、两边的老人，生活的重担全部都落在邓则的身上。

他培育的秧苗被毁，跌跌撞撞回到家，瘫倒在邓则的怀里。妻子安慰他："没关系，顶多是去当农民，我和你一块去，只要不离开土地，我们就有希望。"

他有了勇气，站起来，找到残存的秧苗继续培育。

袁隆平多次说，这辈子最大的幸福就是在别人都不肯嫁给他的时候，邓则毫不犹豫地答应了他的求婚。

今天，邓则悲恸：你还会从试验田里为我写一封情书吗？

佳缘

刚到安江农校，袁隆平研究红薯、西红柿的育种栽培。

"三年困难时期"，全国遭遇粮食和副食品短缺危机。"没有粮食吃，所以我决定从事水稻的研究。"

当时，米丘林、李森科的"无性杂交"学说垄断着科学界。袁隆平做了许多试验，依然没有任何头绪，决定改变方向，沿着当时被批判的孟德尔、摩尔根遗传基因和染色体学说进行探索，研究水稻杂交。

1963年，袁隆平通过人工杂交试验，发现一些杂交组合有优势的现象，推断水稻具有杂种优势，并认定这一优势是提高产量的一个途径，萌发了培育杂交水稻的念头。

1966年2月28日，袁隆平发表第一篇论文《水稻的雄性不孕性》，刊登在中国科学院主办的《科学通报》半月刊第17卷第4期上。

这篇论文首次向世界宣告，水稻的雄性不育在自然界中是存在的。这个"头条"引起国内外瞩目，杂交水稻发展的新时代由此开启。

2016年，在纪念《水稻的雄性不孕性》发表50周年的座谈会上，袁隆平透露一件往事，正是《水稻的雄性不孕性》这篇论文，引起国家科委九局局长赵石英的注意，赵石英请示科委领导，给湖南省科委以及安江农校发函，要他们支持袁隆平的研究工作。

终于，袁隆平获得了成功！

求禾

关于水稻杂交创新，袁隆平被问起人生难忘的节点，他第一个提到的是"1973年三系法成功"。

按照杂交水稻"三系配套"理论，必须要找到雄性不育系的种子。然而，袁隆平和团队成员做了3000多个杂交组合试验，结果却让人灰心：均达不到每年100%保持不育。

1970年的冬天，袁隆平的学生李必湖在海南南红农场一处沼泽中发现一株花粉败育的雄性不育野生稻。

袁隆平欣喜若狂。他将转育出来的三粒雄性不育种子命名为"野败"，"三系配套"从此打开了突破口。

李必湖回忆，袁隆平将杂交水稻研究材料"看得比生命还重要"。有一次，试验田被淹，他们师徒几人穿着短裤、赤着胳膊，冒雨抢救，袁隆平后来还因此得了一场重感冒。

"野败"如同稀世珍宝，但袁隆平面对其他科研人员时却很大方，将"野败"分送给全国10多家有关单位。当时，福建省科研组的试验秧苗出了问题，他便把仅有的一蔸"野败"第二代不育株挖出一半送去。

在全国的协作攻关下，经过三年时间，我国成功实现了杂交水稻的"三系配套"。

这个"头条"来之不易，却福泽绵长。

1974年，湖南开始试种杂交水稻。1976年到1987年，我国杂交水稻种植面积达到11亿亩，增产稻谷1000亿公斤。

到1995年，袁隆平带领团队历经多次失败，取得两系法杂交水稻的成功，两系法杂交水稻比三系法杂交水稻增产5%至10%。

济天下

2019年10月22日，第三代杂交水稻在湖南首次公开测产后组织观摩、评议。

一早起来，袁隆平突然想到，净忙着测产，差点忘了这天是妻子邓则的生日。在评议会前，"自由散漫"惯了的他赶紧带着夫人出去买礼物。他幽默地说，夫人和水稻都很重要。

第三代杂交水稻被袁隆平看作突破亩产1200公斤"天花板"的关键。

他每天都关心天气预报，对水稻生长念兹在兹。他的孙女说，幼儿园老师问她爷爷是干什么的，她说，爷爷是天天看天气预报的。

2019年10月21日，湖南衡阳，工作人员在衡南县杂交水稻基地实收测产　杨华峰 摄

他的办公室秘书杨耀松说，袁老没觉得自己应该休息，哪天不让他看一眼田，他心里就落空了。

前些年，考虑到袁隆平行动不便，湖南省农科院在袁隆平住宅旁辟出一块试验田。没曾想，袁隆平起床后的第一件事，不是洗脸、刷牙、吃早饭，而是下田。

在这次测产前的一个月，9月17日，袁老被授予"共和国勋章"，当天他还在田里查看杂交水稻的生长情况。

测产结果出来，虽然亩产1046.3公斤并不算高，但他信心满满："第三代杂交水稻的潜力很大，优势很强，如果配合好一点的栽培技术，1200公斤完全没问题！"

这让他感到时不我待："今后我更没有时间变老了！"

在海南三亚，袁隆平的团队在这里找到"野败"，那时他40岁；不到一个月前，他指导研发的第五期超级杂交稻"超优千号"在三亚取得好成绩，此时他已是91岁高龄。

一稻济天下，他将自己写进了历史的"头条"。

新华社　2021年5月24日

袁隆平在海南的最后时光

黄媛艳　徐慧玲

2021年5月23日上午，在湖南省长沙市明阳山殡仪馆，湖南杂交水稻研究中心研究员、第三代杂交水稻项目主持人李新奇再次向心中最敬爱的"90后"作出承诺："袁老师，您放心，我们会继续努力，力争在两年内完成您定下的杂交水稻双季亩产3000斤攻关和杂交水稻单季亩产1200公斤攻关目标，并将其推广开来。"

泪水模糊了李新奇的双眼，曾经在医院里跟袁隆平院士相处的点滴再次浮现在他的脑海中。"昨天10时许，我在病床旁向他汇报了杂交稻最新进展，袁老师看着我，眨了眨眼，在生命的最后时光，他最牵挂的依然是杂交稻。"李新奇说。

在"杂交水稻之父"、中国工程院院士、"共和国勋章"获得者袁隆平91岁生命里，杂交水稻是他付出心血最多，也最牵挂的大事。为了培育出高产杂交水稻品种，袁老与海南结下了不解之缘。

2015年3月22日,袁隆平院士在三亚亚龙湾隆平高科南繁基地查看新品种杂交水稻生长情况 武威 摄

让他23时前休息是大家的默契

这两年,袁隆平的身体状况大不如前,从2020年下半年开始,他的身体状态愈发欠佳。但是,2020年12月3日,位于三亚的国家杂交水稻工程技术研究中心海南基地(以下简称基地),还是再次出现了袁隆平的身影。

"袁老师今年南繁季来三亚的时间比往年早,杂交水稻双季亩产3000斤攻关项目在三亚首次进行,他放心不下。"湖南杂交水稻研究中心驻海南试验站副站长张展透露,相关方面已经准备条件更好的住所,但袁隆平下了飞机就直奔科研基地,这里有他心系的稻田和同事,开展工作相对便利;医生希望他入院治疗调理，但他坚持住在基地，边工作边治疗。

袁隆平的房间位于基地二楼，客厅、卧室、厨房、卫生间格局紧凑。屋内设施简朴，一张饭桌、一套沙发、一台电子琴、电视配着电视柜，就是客厅全部的家具，两张世界地图是屋内仅有的装饰。

卧室的木头桌上，零星放着多个药瓶。书桌上物品最为丰富，依次摆放着他常用的计算器、台灯、放大镜、老花镜、手电筒、笔筒，多本水稻国际研究资料堆放在桌角处，口袋书《英汉小词典》因经常翻阅，卷起了书角。

"虽然身体大不如前，但他依然管不住那迈向稻田的腿，收不住那向着水稻的心。"张展介绍，袁隆平一般9时起床后就开始工作，听稻田种植汇报、交流技术攻关、部署攻关方案，甚至还会去试验田看看；晚上除了唱歌等娱乐活动，也忙工作，想办法让他23时前休息成为大家心照不宣的默契。

亲自选定海南6个试验示范点

从20世纪60年代开始陆续建成的基地院子，袁隆平在此工作生活了53年。从以往在基地各处健步如飞，到如今去往多处需轮椅代步，时光在飞逝，唯一不变的，是他对"人就像种子，要做一粒好种子"初心的坚守。

让中国碗里装满中国粮，"好种子"要发挥作用。对杂交水稻工作，袁隆平一直亲自管、盯得紧、抓得细。

2020年12月20日，全国杂交水稻双季亩产3000斤项目启动会在三亚召开，全国范围内可能实现"双季亩产3000斤"目

2015年3月22日，在三亚亚龙湾隆平高科南繁基地，袁隆平院士与一位工作人员交流 武威 摄

标的地区，派出相关人员参会。袁隆平坚持带病参会，最终亲自确定了20多个试验点。其中，在海南选择了三亚水稻国家公园、崖州区坝头村等6个试验示范点，每个示范点面积30亩到40亩。

2021年1月，袁隆平又组织召开杂交稻高产攻关工作会议，会上他详细分析了当前的攻关项目，布置了2021年全国各地的攻关计划，提出了力争实现每公顷亩产新突破。

虽然高产攻关"路线图"已绘就，考虑到种植过程中的各种细节，袁隆平还是有操不完的心。

2020年12月28日，三亚水稻国家公园30亩试验示范点开始播种。随后，其他几个示范点的超级杂交水稻也陆续播种。"在杂交稻生长的不同时期，袁老师都会仔细过问，12月播种后，他会关心秧苗长势，随后他会了解试验田的病虫害情况，水稻抽穗后，他非常关心穗粒大小，因为这些直接影响产量。"和袁隆平居住在一栋楼内，湖南杂交水稻研究中心栽培生理生态室主任李建武需要经常回答他各种种植情况方面的问题，"中午12点，晚上8点到9点，经常接到袁老师电话，天气情况有变、栽培管理方法调整……他都会及时考虑到，时刻想着的都是水稻、是产量"。

到田里去，这是袁隆平对基地年轻人的要求，也是他自己坚持了一辈子的习惯。虽然行动已不便，但在海南最后的125天里，他依然心系稻田。

"以往袁老师每天都会下田观察水稻生长情况，今年因为身体原因无法高频率下田，他就在基地拿起显微镜研究水稻种子，做记录，有时仍然坚持要去田里看看，大家虽然担心，但都了解他的习惯，只能默默做好保障工作。"张展说。

袁隆平是位细心的长者，为了让大家宽心，他常幽默地说："在田野里工作，呼吸新鲜空气，晒太阳不缺钙呢，有利于身体健康。"

病榻上仍然坚持听汇报

袁隆平的忙碌状态，在2021年3月10日上午，摁下了暂停键。因为意外摔倒，他不得不前往医院接受治疗。

漫长的治疗时光，牵绊住了袁隆平前往稻田的脚步，却无法管住他那颗关注稻田的心。

袁隆平住院治疗期间，李新奇多次被叫到病房里汇报工作进展。"只要身体情况允许，袁老师就要见基地人员，每个高产攻关项目具体的进展都要及时向他汇报，如果我们做得不好，他还会表示不满。"李新奇说，尽管身处病榻，袁隆平仍想着提高水稻产量，将优质高产的水稻品种在世界范围内更多区域推广。

为了不耽误科研人员的田间工作，参与承担看护任务的张展成了"传声筒"。

"袁老师在病房里不分白天黑夜，只要精神好，他就会细致地布置高产攻关方面生产面积、种子调配、技术指导、产量预测等工作，他边说我边记，过后还要给他反馈，一些细小的数字差错他都能听出来。入院之初，他每天关注天气变化，听到是高温天气，就会担心水稻长势和成熟情况。"张展说。

天道酬勤。2021年5月9日，在今年全国最早测产的点、三亚首次开展杂交水稻双季亩产3000斤攻关项目的国家水稻公园，专家们选取3个地块同时进行收割、打谷，汇总后按照高产创建产量公式计算，最终测产结果为：试验的"超优千号"经受住了去冬今春海南低温寡照带来的不利影响，平均亩产1004.83公斤，比设计预测亩产量900公斤多了100余公斤。也就是说，今年9月到10月，这块试验区的晚造水稻平均亩产只需突破495.17公斤就可实现攻关目标。

"4月20日，团队曾对试验区进行数据调查，听到汇报后，他高兴地说'很好，肯定能突破'。后来获悉测产数据后，袁老师鼓励我们再接再厉，在第三系杂交水稻、耐盐碱水稻的项目攻关、技术突破、推广示范方面取得更大成绩。"李新奇说。

2021年4月6日，在多方科学评估后，袁隆平即将启程返湘继续接受治疗。"那一晚，袁老师彻夜未眠，他反复地询问回家的情况、科研的安排，我们能感受到他那急迫的心情，希望能再为杂交稻做些事。"张展说。

次日上午10时许，袁隆平搭乘飞机离开了他奋斗了一辈子的科研热土，谁也没曾想到，这一别竟是永远。

在袁隆平长期工作生活的基地里，他的题字"发展杂交水稻造福世界人民"格外醒目。半个世纪的稻田守望，袁隆平刷新了一个个高产纪录，让中国人牢牢端稳中国碗；留下了184项专利技术，为中国种业发展再添动力。"禾下乘凉，让天下人都吃饱饭"的朴素梦想，由他开启，也必将激励一代代人接续奋斗下去。

《海南日报》 2021年5月23日

追忆"杂交水稻之父"袁隆平：
敬业、乐观、勤俭、和蔼

唐小晴　刘　曼

"杂交水稻之父"、中国工程院院士、"共和国勋章"获得者袁隆平，2021年5月22日13点07分在湖南长沙逝世，享年91岁。记者采访和袁隆平相处过的民众、科研人员、农业工作者，追忆他工作、生活的点点滴滴。

位于湖南怀化安江镇的安江农校（现为怀化职业技术学院）是中国杂交水稻发源地，袁隆平在这里从事教学及杂交水稻研究长达37年之久。今年35岁的怀化溆浦人舒兴华毕业于此，他受袁隆平鼓励回乡创业，带领村民发展冰糖橙致富。

"我们的冰糖橙品牌'兴梦橙'是袁隆平院士所赐，寄寓'兴农惠民，梦圆中华'。"获悉袁隆平院士去世的消息，舒兴华十分悲恸。"太突然了，很难过。"舒兴华曾多次赴长沙拜访袁隆平。

"那是2014年，他精神很好，很健谈。只要谈到农业科研，

2010年8月12日，袁隆平院士出席安江农校纪念园挂牌庆典仪式，受到当地群众的热烈欢迎　杨锡建 摄

就精神抖擞。"舒兴华还记得袁隆平给他的鼓励：青年阶段就要树立人生之志，然后久久坚持，不懈努力，一定可以为国家作出贡献，为时代进步奉献力量，让自己的人生变得有价值。

"他说，我们这代人做农业是为了吃饱饭，你们现在做农业要想办法让人吃好。做农业十年起步，至少要坚持十年以上，才能做出成绩。袁老师还给我题了'有志者事竟成'几个字。"袁隆平的鼓励让舒兴华坚持不懈，他现已成为"全国农村青年致富带头人"。

每年，袁隆平都要回安江农校一两次，看望老同事、老朋友，在开学典礼上勉励学生，和学生主动合影。"他很关心老同事，见面总是嘘寒问暖。袁老师和蔼可亲、无私奉献，我会永远记住他的鼓励，把他能吃苦、脚踏实地的农业科研精神发扬光大。"舒兴华告诉记者，怀化职业技术学院师生得知袁隆平逝世的噩耗后，悲痛万分，自发在校园内集会，唱起《送别》，以默哀、敬献花篮、点亮蜡烛等方式，表达对袁隆平的无尽思念。

湖南仲声律师事务所一级律师邓文胜是湖南省农业科学院的常年法律顾问。在他的印象中，袁隆平开朗乐观、和蔼可亲。"第一次见他，是在他刚参加全国两会回来时。那天他穿一身唐装在办公室等我。我进去后，向他敬烟，没想到袁老师主动拿烟给我，还像小孩一样笑着说要一起照相。"听到袁隆平去世的消息，邓文胜震惊了，"他的音容笑貌一直在我头脑萦绕，总想着这不是真的"。

生活中的袁隆平是个真实可爱的人，他喜欢打气排球、游泳、跳踢踏舞，孙女小的时候，甚至都不知道爷爷是了不起的科学家，一直以为爷爷是个看天气预报的老头。每当到了结婚纪念日或妻子生日，袁隆平都会记得买项链或戒指等纪念品送给妻子。

给袁隆平理发18年的曹小平记忆尤深。曹小平在湖南省农业科学院附近开理发店十余年，从2003年起，袁隆平就是她最忠实的顾客，并为她的店题了店名。袁隆平出席一些重要活动，都来这里理发。曹小平的店里，还挂着一张给袁隆平理发时的照片。

"他的发型是我们达成共识的圆弧平头，这么多年没变过。他身体好的时候就一个人来，身体不好以后，会有助理陪着，大老远看到我就热情地喊小曹,和蔼和亲,像家人一样,没有一点架子。剪完头发总是不断致谢。"曹小平说,理发过程中,袁隆平会询问她"店里生意好不好""女儿成绩怎么样",也会告知杂交水稻取得的成绩,开心的时候还会用英语说"谢谢""非常满意",并翻译给她听,也经常夸自己"又年轻了十岁",是"帅哥""老帅哥""资深老帅哥"。

2020年11月,去海南三亚的前几天,袁隆平又来理发了。"我们约好了下次理发是一个月后,可他从三亚回来后,就直接去了医院,后来也一直没有接到他的电话。"曹小平甚至打算自费到三亚给袁隆平理发。

"原来的洗头床太破,最近我特地换了新的,没想到再也不能给他理发了。我的心愿就是为他再理一次发。"回忆起与袁隆平的相处经历,曹小平泪如雨下,"他走了,我还是无法接受这个消息,这个专属位置我要为他永远留着。"

湖南省农业科学院研究员方志辉是袁隆平的学生。在他印象中,袁隆平很节俭,衣着朴素,吃饭一个荤菜、一个青菜就很满足,有时还亲自下厨房炒菜、下面条。"工作上他非常严谨,是一位固执的科学家,事必躬亲、律己律人,生活中却是一个慈祥有爱的老人,很会拉小提琴,打麻将时可爱得像个小孩。"方志辉回忆,在国际水稻遗传育种界享有盛誉的戈·辛·库西博士访问长沙时,袁隆平还亲自去订房间,确定菜谱。

在杂交水稻国际推广的过程中,方志辉和团队也深切感受到了袁隆平用心血、汗水去造福世界的高尚情操和无私奉献精神。"从巴基斯坦到马达加斯加,从主席项目、总理基金项目到企业间的合作项目,只要是与海外发展杂交水稻有关的事情,他都是有求必应、乐此不疲,非常热情地接见客人。"方志辉说,恩师身体欠佳时,仍一直坚持研究杂交水稻,"去三亚之前,他还说要做完几个试验,要取得成绩,当时非常有信心"。

中国新闻网　2021 年 5 月 23 日

"身边人"忆袁隆平：
20元一件的衬衣穿着都觉得好

邓 霞 白祖偕 刘 曼

"我有着一个梦，埋在泥土中，深信它不同，光给了它希望，雨给了它滋养，它陪种子成长……"2021年5月23日，在湖南杂交水稻研究中心，袁隆平生前的同事、学生与自发前来凭吊的民众一起，含泪唱响由袁隆平作词的《我有一个梦》，缅怀这位"共和国勋章"获得者。

"我们失去了一位慈爱的亲人。"湖南杂交水稻研究中心研究员万宜珍与袁隆平共事多年，两家相距也仅百米。"刚工作的时候我与袁老就在同一个办公室，他总是'小万''小万'地叫我。"她语带哽咽地说，每当自己遇到生活与工作上的难题时，袁老总会拍着她的肩膀，鼓励她勇敢前行，保持"平常心态"。

万宜珍说，20世纪90年代，自己常与袁隆平一起出差。"袁老是一个非常爱热闹、有着极强节俭消费观念的人。出差途中常与随行人员说笑、讲故事，在个人吃穿上从不讲究，爱吃饼干，

20元一件的衬衣穿着都觉得很好。"

"有一次因为有出访任务我陪袁老去商场买鞋,他挑来挑去总说这个贵了那个贵了,不合适。最后袁老花100元买了两双,一双自用,一双送人。"万宜珍说。

"袁老有自己独特的金钱观。他曾说:人要生活、生产,钱是重要的,但钱的来路要正。有了钱就要花,有钱不用等于没钱。但是用钱既不要奢侈浪费,也不要小气,该用的就用,不该用的一分钱也不要用。"万宜珍说,春节时袁老还会给家属院里的小朋友们发红包。

"杂交水稻之父"袁隆平　张京明 摄

隆平高科国际培训学院前副院长黄大辉跟随袁隆平工作了30多年,他说袁老是个"精神富翁"。"他用自己获得的奖金成立了基金会,奖励为杂交水稻事业作出贡献的人。"黄大辉说,有人送给袁院士一根名牌皮带,"袁老转手就送给了我。受他的影响,我也把踏实干事当成第一要务,对这些面子上的东西不太讲究"。

袁隆平爱好游泳,也乐于助人。"他5分钟就教会我游泳。"万宜珍回忆说,"有一次,袁老问我会不会游泳,我说不会,他说我来教你。果真,大概只用了5分钟我就学会了。我们农科院里很多不会游泳的人都是袁老一手教会的。"

除了游泳,袁隆平最爱的体育项目就是气排球。这个比较冷门的项目在袁隆平眼里是一项老少皆宜的运动。"以前我们都不知道什么是气排球,在袁老的大力倡导下,慢慢地在农科院里流行起来了。袁老说,这个运动不伤人,强度适合,老年人可以打,小孩子也可以打。"杂交水稻国家重点实验室办公室主任胡美霞说,每年10月左右,湖南省农科院都会举办气排球比赛,袁隆平基本都会出席观赛,有时还会亲自开球。

胡美霞从手机里翻出去年气排球队员跟袁隆平的合照说:"他记忆力超好,每次都能叫出我的名字。人也非常随和、幽默,喜欢跟年轻人交流,但一聊到工作就会很严肃,总是告诫我们年轻人要为理想而奋斗。"

中新社　2021年5月23日

稻田老农　泽被苍生
——缅怀"杂交水稻之父"袁隆平

冯志伟　朱友芳

2021年5月24日,袁隆平遗体送别仪式在长沙明阳山殡仪馆举行。躺在鲜花翠柏中的袁隆平,面容安详。从全国各地自发赶来送别的民众涌入殡仪馆,送袁老最后一程。

袁隆平逝世后,联合国官方微博、联合国粮农组织总干事、世界粮食奖基金会主席等发文缅怀,海外媒体和网友也以多种方式表达追思。这位自称"种了一辈子稻子的农民"被全世界缅怀和敬仰。

一粒种子的梦想

"人就像种子,要做一粒好种子。"袁隆平生前常说。一粒种子从萌芽到开花结果,也曾历经坎坷。

1953年,从西南农学院遗传育种专业毕业后,袁隆平被分配到雪峰山下的湖南安江农校工作。1961年的一个盛夏,袁隆平在水稻试验田里偶然发现了一株"鹤立鸡群"的水稻,穗子很大,

2008年3月29日,北京,2007影响世界华人盛典现场,袁隆平院士获得"2007影响世界华人终身成就奖"

籽粒非常饱满，这引起了他的极大兴趣。

随后，袁隆平在安江农校的稻田里，默默进行了一场试验，证实了它是一株天然杂交稻。袁隆平意识到，如果可以人工培育杂交稻，水稻产量必将大幅增产。

但是，传统遗传学理论早有定论：水稻没有杂种优势。美国和日本此前已经对杂交水稻有过深入研究，但是均未取得成功。远在闭塞深山里的袁隆平自信满满，一头扎进试验田和遗传学研究领域，企图找到人工培育杂交水稻的"秘钥"。

水稻是雌雄同花。如果想让水稻杂交，必须找到一种自身雄花不能授粉的品种，雌花才能接受来自异株的花粉。也就是找到雄性不育株，俗称母本。

六七月间，袁隆平头顶烈日，赤脚踩在田里，一株株地寻觅。在1964年和1965年两年时间里，他检查了几十万株稻穗，终于找到了6株雄性不育株。经过人工授粉，结稻谷数百粒，有的杂交组合表现很有优势。36岁的他写下了第一篇论文《水稻的雄性不孕性》。

这篇论文发表在中国科学院主办的《科学通报》上，首次描述了水稻雄性不育株的"病态"特征，并正式提出了通过三系来利用水稻杂种优势的设想。很快，这篇论文受到国家科委的重视，使袁隆平的杂交水稻科研工作在"文革"中仍然能艰难进行。

随后，以袁隆平为首的杂交水稻研究小组在安江农校诞生。但是，两年过去，研究却陷入了停滞。经过分析思考，袁隆平发现试验效果不佳的材料具有亲缘关系近的特点，于是决定从亲缘关系较远的野生稻身上寻找突破口。

海南追梦发现"野败"

1968年冬，袁隆平背上行囊，一路颠簸，来到海南岛继续追寻他的杂交水稻梦。在三亚南红农场，袁隆平住茅屋，打地铺，在昏暗的光线中开展研究工作。每天傍晚，袁隆平从地里回来，点上煤油灯，就躺在床上看书。

1970年，袁隆平正在为远源杂交收集野生资源，当时的助手李必湖发现了一株雄性不育野生稻，后被命名为"野败"，这为水稻雄性不育系的选育、三系杂交水稻的研究打开了突破口。

随着"野败"的发现，杂交水稻研究柳暗花明。袁隆平以这棵野生稻雄性不育植株为母本，育成不育系品种，与保持系、恢复系配套，于1973年成功培育出了三系杂交水稻。

袁隆平和同事在实验室进行水稻研究工作

1973年10月，在第二次全国杂交水稻科研协作会议上，袁隆平正式宣布籼型杂交稻三系配套成功。他选育的"南优2号"，成为我国第一个大面积生产上应用的强优势组合。

1976年，全国籼型杂交稻种植面积超过200万亩，普遍增产两三成。

历经15年，在接连闯过三系配套关、优势组合关和制种关后，袁隆平使中国成为世界上第一个生产上成功利用水稻杂种优势的国家。1981年，国家授予全国籼型杂交水稻科研协作组袁隆平等人国家发明奖特等奖。

1995年，中国独创的两系法杂交水稻取得成功，普遍比同熟期的三系杂交稻每亩增产5%～10%。次年，中国超级稻育种计划由农业部正式立项，担任主帅的袁隆平提出以"形态改良与杂种优势利用相结合"的水稻超高产育种理论和技术路线。

从突破700公斤、800公斤、900公斤、1000公斤，直到1152.3公斤，两系法杂交水稻大面积亩产的世界纪录先后诞生。从三系法到两系法，带来了杂交水稻技术的伟大飞跃，确保了我国杂交水稻技术的世界领先地位，并推动了世界杂交水稻的快速发展。

更可喜的是，2020年11月2日，由袁隆平团队研发的杂交水稻双季测产突破1500公斤大关，再一次刷新世界纪录。

"东方魔稻"的世界贡献

目前，中国杂交水稻年种植面积已达2.4亿亩，仅每年增产的粮食就可以养活7000万人。中国用不到世界9%的耕地，养活

2009年9月12日，袁隆平院士在给参加杂交水稻技术对外合作部长级论坛的代表们介绍超级杂交水稻的生长情况　郭立亮 摄

了世界近1/5的人口，将饭碗牢牢地端在了自己手中，杂交水稻也因此被称为"东方魔稻"。

袁隆平曾说："我一直有两个梦，一个是禾下乘凉梦，一个是杂交水稻覆盖全球梦。"

如今，"东方魔稻"早已走出国门，为解决世界饥饿和贫困问题作出了巨大贡献。

1979年，中国首次对外提供杂交水稻种子。40年后，"东方魔稻"已在亚洲、非洲、美洲的数十个国家和地区推广种植，年种植面积达800万公顷。

40年间，袁隆平和他的研究人员先后赴印度、巴基斯坦、越南、缅甸、孟加拉国、斯里兰卡、马达加斯加、美国等国家为水稻研究人员提供建议和咨询，并通过国际培训班为80多个发展中国家，培训超过1.4万名杂交水稻专业技术人才。

在非洲马达加斯加，得益于杂交水稻技术，马达加斯加的水稻种植者将产量从每公顷3吨提升到10吨。

因为杂交水稻对世界的杰出贡献，袁隆平屡获国际大奖。1985年获联合国世界知识产权组织颁发的"杰出发明家"金质奖章和荣誉证书；1987年获联合国教科文组织"科学奖"，成为中国专家首次获得的最高等级世界性嘉奖；1993年，因为解决全人类饥饿问题所作出的杰出贡献，获美国菲因斯特基金"拯救饥饿奖"。

1995年，袁隆平获联合国粮农组织设立的"粮食安全保障荣誉奖章"。这是联合国成立50周年之际，世界粮食组织奖励为世界粮食生产作出突出贡献的科学家而设的奖励，全世界获此殊荣的仅6人，袁隆平成为亚洲的唯一获奖者。

袁隆平逝世后，联合国官方发布悼念微博称："袁隆平院士为推进粮食安全、消除贫困、造福民生作出了杰出贡献！国士无双，一路走好。"联合国粮农组织总干事、世界粮食奖基金会主席等发文缅怀，海外媒体和网友也以多种方式表达追思，感谢他为推进粮食安全、消除贫困、造福民众作出的杰出贡献。

中国日报网　2021年5月25日

袁隆平：让饥荒成为遥远的记忆

据美国《纽约时报》网站5月23日报道，中国农业科学家袁隆平22日在长沙逝世。他在研究高产杂交水稻方面取得的突破，缓解了亚洲和非洲各地的饥饿和贫困问题。

据中国官方报纸《人民日报》报道，袁隆平去世的原因是多器官功能衰竭。湖南省当地媒体早些时候报道说，袁隆平自2021年3月在一个水稻培育基地摔了一跤后，健康每况愈下。

报道认为，袁隆平，这位身材瘦小、满面风霜的老人在中国家喻户晓，他因科研工作在中国成了民族英雄和不懈追求科学的象征。他去世的消息传来，举国哀恸，成百上千的人在停放他遗体的殡仪馆献上鲜花。

让世界上大部分地区摆脱饥荒

设在菲律宾的国际水稻研究所杂交水稻育种领域资深科学家焦哈尔·阿里说，袁隆平在杂交水稻栽培方面有两大发现。20世纪70年代初取得的这些发现——再加上美国农业科学家诺曼·博洛格20世纪五六十年代在小麦培育领域取得的突破——推动了一场"绿色革命",让粮食产量大幅上升,进而让世界上大部分地区都摆脱了饥荒。

报道称,博洛格已于2009年去世,他在1970年获得了诺贝尔和平奖。袁隆平的研究可以说影响至少同样广泛,因为稻米是世界上半数人口的主粮,相比之下,小麦所占的比例为1/3。

据报道,1970年,由于在提高水稻产量方面迟迟无法取得进展,袁隆平感到越来越沮丧。有一天他突然想到可以调整一下思路:去中国偏远地区寻找野生水稻品种,从而有望获得带来高产的遗传物质。

突破终于出现了,在中国最南端海南岛的一条铁路线旁,袁隆平的团队找到了一片野生水稻。第二年,袁隆平在中国单独发表了一篇论文,阐述如何将野生水稻的遗传物质转移到商业水稻。

一旦加入了野生水稻的遗传物质,就可以轻松让世界上以自交稻为主的商业水稻实现杂交,从而大幅提高作物产量。

报道指出,当时全世界的水稻科学家都在大谈培育杂交稻。1971年,国际水稻研究所、印度农业研究所以及美国加利福尼亚州的一个研究团队分别发表了三篇与杂交水稻相关的论文。

袁隆平的论文是第四篇,不过最切实可行,内容也最详尽。阿里说:"袁隆平的论文从技术上讲要好很多。"印度、菲律宾和美国的团队在论文发表后继续开展研究,袁隆平则在第二年就立即培育出了杂交水稻品种。此后,中国在杂交水稻领域便处于领先地位。

到1978年,袁隆平已在湖南负责杂交水稻的大规模种植。

他后半生的研究工作也主要在湖南展开。此外，他还负责了杂交水稻海南基地的相关研究，那里也是他2021年3月摔倒的地方。

在同等的插秧、施肥和灌溉条件下，杂交水稻品种的产量通常比非杂交品种高出20%到30%。袁隆平以及他带领的不断壮大的水稻专家团队在将杂交水稻品种推向亚洲和非洲各地的同时，也把大量先进的水稻种植技术传授给农民，进一步提高了这些地区的粮食产量。

在众多种植水稻的国家，产量的大幅上升让饥荒成了遥远的记忆。上海辰山植物园执行园长胡永红说："他挽救了许多生命。"

"他把很多时间都花在田间地头"

报道称，2021年5月22日晚上，在昏暗的夜色中，十几名中国顶尖植物育种专家刚好聚集在辰山植物园室外交响音乐会现场。在音乐家们调试乐器时，科学家们依次谈起了袁隆平。

曾担任北京大学校长并长期任北大生命科学学院教授的许智宏说，自1980年以来，许智宏和袁隆平曾在多个全国性的农业委员会共过事。袁隆平对水稻及其生长方式都有细致入微的观察。

许教授说："他的个人兴趣的确高度集中在水稻上，每年他都把很多时间花在田间地头。"

这些植物学家一致认为，袁隆平对中国农业也产生了巨大影响，因为他既是出色的导师，也是优秀的团队带头人，他发挥了远比局限在实验室搞科研和写论文更大的作用。

中科院教授陈晓亚说："我认识他在湖南的一些同事，在他的指导下，他们都取得了不俗的成绩。"

2017年10月10日，重庆，袁隆平院士回到母校西南大学，为评出的首届"袁隆平奖学金"获得者颁发奖金

在默默无闻地工作了几十年后，从20世纪80年代起，袁隆平作为取得了世界一流科研成果的中国科学家，在国内成了名人。袁隆平取得的成绩令中国为之自豪。

陈教授说："他的成果成了科学创新的象征，不只是对农业，也是对整个科学领域而言。"

报道指出，袁隆平在20世纪70年代初期取得发现后，一直强烈主张与全世界分享他的突破性进展，而不是用这些突破来实现中国在水稻生产方面的主导。

1980年，他主动将关键的水稻品种赠予国际水稻研究所，研究所后来用它们培育出可以在热带国家生长的杂交水稻。袁隆平及其团队还将杂交水稻种植技术传授给印度、马达加斯加等地的农民。

知识、汗水、灵感、机遇

据报道，袁隆平1930年9月7日出生于北京，当时称为北平。他的母亲华静教授英语，父亲袁兴烈是一名教师，后来到铁路部门任职。袁隆平经常提到母亲为他树立的榜样。他在2010年出版的回忆录中说："她是当时少有的知识女性，我从小就受到她良好的熏陶。"

袁隆平在六个兄弟姐妹中排行老二。由于战争、日本侵略和经济动荡迫使全家辗转于中国各地，他的成长和求学之路并不平坦。但他的父母坚持让孩子们接受良好的教育。

1949年，袁隆平上了大学，选择在西南地区的一所学校学习遗传育种专业。他没有在农村生活的背景，父母对他学农也心存顾虑。他当初之所以立志投身农业科学，与上小学时学校组织去农场参观的经历有关，也与卓别林的电影《摩登时代》中的田园场景有关。袁隆平在回忆录中写道，随着年龄的增长，这种渴望变得愈发强烈，农学成了他一生的职业。

1953年，袁隆平在大学毕业后进了湖南一所农校当老师，他对农作物遗传学的兴趣不改。从20世纪50年代末开始，他献身农业的决心有了更大的紧迫感。

袁隆平在回忆录中说："一定要解决粮食增产问题，不让老百姓挨饿。"

报道指出，袁隆平很快决定研究水稻，这是许多中国人的主食。他寻找可以提高产量的杂交品种，前往北京查阅在农校无从接触的科学期刊。

近几十年来，中国官方盛赞袁隆平是科学家中的楷模：爱国，致力于解决实际问题，人到老年仍不懈工作。2008年，78岁的袁隆平作为北京奥运会火炬手，在长沙附近完成了一段火炬传递。2019年，他和另外七人被国家领导人习近平授予"共和国勋章"，这是中国最高的官方荣誉。

报道指出，袁隆平的去世在中国引发了铺天盖地的哀悼。据《湖南日报》报道，习近平于2021年5月23日向袁隆平的家属表示慰问，高度肯定袁隆平为中国粮食安全、农业科技创新、世界粮食发展作出的重大贡献。

就在2021年，袁隆平还在研究培育新的水稻品种。

2020年，袁隆平在鼓励中国年轻人投身科学的一段视频中说："我想我没有什么秘诀……我有八个字：知识、汗水、灵感、机遇。"他还用英语引用了科学家巴斯德的话："机会偏爱有准备的头脑。"

参考消息网　2021年5月25日

"他把论文写在祖国大地上，写进人民的心中"

——湖南各地群众深情缅怀袁隆平院士

胡宇芬　苏原平

"他以稻秆为笔、倾注毕生心血，把论文写在祖国大地上，写进人民的心中！"

在袁隆平院士生前工作、学习、关注过的地方，人们以不同的方式表达哀悼之情。大家纷纷表示，牢记习近平总书记嘱托，学习袁隆平热爱党、热爱祖国、热爱人民，信念坚定、矢志不渝，勇于创新、朴实无华的高贵品质，学习他以祖国和人民需要为己任，以奉献祖国和人民为目标，一辈子躬耕田野，脚踏实地把科技论文写在祖国大地上的崇高风范。

"他的科学精神、治学态度、奉献精神永远激励着我们"

雨纷飞，泪相连。

5月23日上午，湖南省农科院和湖南杂交水稻研究中心的工作人员集体吊唁袁隆平院士。当播放袁隆平院士作词的歌曲《我有一个梦》时,大家都泣不成声。

湖南杂交水稻研究中心党委书记张德咏告诉记者,在袁隆平院士弥留之际,身边的人伏在他耳边,跟他讲着杂交水稻的最新进展情况,已经说不了话的老人嘴角微微上扬。"让所有人远离饥饿,是他的毕生追求,他用一辈子的努力坚持这个梦想。他的科学精神、治学态度、奉献精神永远激励着我们。"

"袁隆平院士是把论文写在大地上的典范。"湖南省农科院党委书记柏连阳说,他对党和国家的事业非常忠诚,他的敬业精神和科学态度值得我们学习,引领着我们继续干好农业事业。第三代杂交水稻是袁隆平院士领衔的最新的、最有前景的研究技术,我们将切实按照习近平总书记的要求,继承院士遗志,按照他的思想理念和研究思路,把团队建设得更强,把他开创的事业更好地向前推进。

在袁隆平院士家门口,记者遇到了来自浙江金华市的两位远客。"我们金华人对袁隆平很有感情,从三系法到两系法,再到第三代杂交水稻,我们都有种,袁老师给了我们太多指导和帮助。我们今早赶过来,就是为了送他最后一程。我们想告诉他,金华不会忘记他,会继续耕作好他惦念的田地。"

在袁隆平院士曾就读过的澧县弘毅学校,师生代表聚集在袁隆平文化墙前默哀、鞠躬。"士不可以不弘毅,任重而道远。"校长赵玲指着墙上袁隆平亲笔题写的校训说,"我们将秉承袁老遗训,培养更多有理想有抱负的优秀学子,告慰袁老在天之灵。"

"得缘于湖南农业大学求学、工作经历，我与袁院士也有过好几次近距离接触，深刻感受到他一辈子扎根土地、忘我钻研、刻苦求索的科研实干精神。"湖南农业大学化学与材料科学学院周智教授表示，要按照习近平总书记要求，向袁隆平院士学习，以强农兴农为己任，为国家和人民的需求奉献自己的力量。

"他让中国人的饭碗牢牢端在自己手中"

绵绵细雨，如同人们的思念，追忆逝去的亲人。

5月是插秧季节，江永县潇浦镇团结村种粮大户唐朝钦的百亩超级稻刚种下不久，绿油油地往上蹿。"如果袁老能看见这一幕，该多好。袁老为杂交水稻倾注了毕生心血，为我们老百姓谷仓丰盈，鞠躬尽瘁！"唐朝钦含着热泪说。江永县在袁隆平院士团队指导下创建的2000亩示范片，采用优质、抗病、再生能力强的杂交组合，已实现示范片两季亩产1200公斤的目标。

"一粒粮食可以救一个国家，也可以绊倒一个国家。我们从饥荒的年代走过来，一定要把产量提上来。"曾创下百亩片平均亩产1026.7公斤纪录的溆浦县龙潭镇横板桥村超级稻攻关示范基地，时任村党支部书记的吴伟传回忆，他曾多次接到袁隆平院士的电话，叮嘱他时刻关注禾苗长势和病虫害情况，通过排水晒田等方式加强田间管理。

"袁老师临走前还挂念着水稻，我们决不能辜负他的厚望，向亩产1200公斤目标冲锋！"隆回县羊古坳镇赵家冲村党支部书记、雷峰村袁隆平超级杂交水稻高产攻关科研基地负责人王化永哽咽着说。王化永连续12年承担袁隆平院士超级稻高产攻关试验，回忆起袁隆平院士亲自为他颁奖的场景，他说："袁老师把论文写在祖国的大地上，让中国人的饭碗牢牢端在自己手中。"

桃源县陬市镇长乐村杂交水稻基地，30亩第三代杂交水稻正在攻关，早稻长势非常好，根系发达，没有病虫危害。该县农业农村局推广研究员刘茂秋攥紧手中的秧苗说："袁老，请您放心，作为基层农业科技工作者，我们一定会把您的超级稻事业传承下去，让农民增产增收。"

"我们牢记'禾下乘凉梦'，力争实现'两分田养活一个人'。"细雨中，第三代杂交水稻试验示范衡南基地技术负责人甘宗恒泪雨凝噎。这里目前采取一季种马铃薯、两季种优质杂交水稻的新栽培模式，预期亩产1800公斤。第一季马铃薯已获高产，实现了"开门红"。

"'向超级杂交稻亩产1000公斤攻关'，这是袁老2013年给我的题词。可惜啊，他再也听不到我报告好消息了……"靖州苗族侗族自治县藕团乡三桥村农民禹和坪悲伤地说，"我们的超级富硒稻最高亩产达936.4公斤。我们要化悲痛为力量，奋力攻关，争取早日实现袁老提出的目标。"

岳阳市屈原管理区种粮大户、惠众粮油专业合作社理事长阳岳球回忆，袁隆平院士和他握手，鼓励他多种粮食，摄影师拍下了这一难忘的瞬间。阳岳球将照片挂在自己的房间，时刻鞭策自己。"不求名利、不计报酬，他是农业战线'老黄牛'，心里总装着粮食安全和老百姓，激励着我们种粮人！"阳岳球含着泪说。

"传承是最好的纪念"

袁隆平院士的精神感染着人们，传承是大家共同的心声。

中国工程院院士、湖南工商大学党委书记陈晓红说，袁隆平院士是真正的侠之大者、国之功勋，"往昔和袁老接触的点滴历历在目，爱国、为民、善良、敬业、睿智、平实的风骨深深感染着我。作为院士，我将永远以袁老为榜样！传承是最好的纪念，我将和湖南工商大学全体师生一起，学习和传承袁老忧国忧民、造福人类的崇高品德，发扬自强不息、勇攀高峰的创新精神，培养不畏艰辛、执着追求的奋斗意志，培养朴实无华、奉献社会的高尚情操。学习传承袁老始终保持对祖国强烈的热爱，始终保持中国人的豪气、志气、骨气，把根深深扎在祖国的大地上，活到老、学到老、干到老，努力做顶天立地的研究，让科研更好地服务国家和人民！"

湘潭大学党委书记黄云清说："袁老一生扎根在稻田之间，实现了千百年来人民群众心中关于温饱的愿望，攻克了曾经绊倒半个地球的难题，让上亿人口摆脱饥饿。十里长街、满城鸣笛送袁老，体现了人民群众对袁老最朴素真挚的情感与爱戴。对于高校来说，纪念袁老，最好的方式就是按照习近平总书记的要求，学习袁老以祖国和人民需要为己任的精神担当，围绕立德树人根本任务，努力培养更多德智体美劳全面发展的时代新人，为中华民族伟大复兴贡献应有的力量。"

长沙理工大学科研部部长王进表示："在很多'卡脖子'的问题和技术上，我们买不来也等不来，我们每一位科研工作者都要发扬'一粒种子的精神',深耕自己的科研领域,突破好核心技术,解决好核心问题,把主动权紧紧地掌握在自己手中。"

袁爷爷曾说,书本里种不出水稻,教室里也种不出水稻,只有结合自己的专业知识和刻苦实践,才能种出水稻来。怀化职业技术学院2020级学生杨晓瑶表示,作为一名农技特岗生,自己要把所学知识用于服务基层,为乡村振兴贡献一份力量,在广袤土地上创造更多的奇迹。

湖南日报·华声在线　2021年5月24日

稻田追梦的科学巨擘

——追忆"杂交水稻之父"袁隆平院士之一

胡宇芬

水稻,养活着世界上几乎一半的人口。一朵小小的稻花,因为雌雄同株,曾经让育种专家们利用杂种优势成了奢望,甚至陷入绝望。

60年前的一个夏日,雪峰山下的湖南安江农校里,青年教师袁隆平在水稻试验田里偶然发现了一株稻"鹤立鸡群",穗子比普通稻穗要大许多,欣喜的他等这株稻穗成熟后小心翼翼收下种子,种下、观察、思考,再种下、观察、思考……由此拉开了杂交水稻的漫漫求索路。

这条路,一走就是一辈子。从湖南到海南,从广西到云南……多少稻田里留下了他的脚印和牵挂。他的论文,写在了祖国的大地上。

2020年,衡南县云集镇30亩示范田里第三代杂交晚稻正在测产。年已九旬的袁隆平,向水稻高产潜力发起了又一次冲锋。

周年亩产稻谷突破1500公斤,达到1530.76公斤!老人有点耳背，当听清楚了结果超出预期时，情不自禁鼓起掌来！

"非常激动！非常满意！还要为国家粮食增产再作贡献！"

"我的脑瓜子还可以，还要从'90后'一直工作到'100后'。"

斯人已逝，那一幕幕恍如昨天，就在眼前……

两年冒着酷暑检查几十万株稻穗，终于找到6株雄性不育株，这点燃了三系法杂交水稻研究

水稻是雌雄同花。如果想让水稻杂交，必须找到一种自身雄花不能授粉的品种，雌花才能接受来自异株的花粉。也就是找到雄性不育株，俗称母本。

1961年，面对那株"鹤立鸡群"的水稻，就在安江农校的稻田里，袁隆平默默进行了一场试验，证实了它是一株天然杂交稻。

水稻没有杂种优势！传统遗传学理论早有定论。可袁隆平相信自己的眼睛和思考！

一个乡村教师挑战世界权威，多少人等着看笑话，他却不在乎。这是对科学的诚实，更是对彼时深陷于饥荒的百姓的诚实。

袁隆平推断，稻田里一定会有天然的母本存在。但是，茫茫稻海中，它们在哪里呢？

六七月，正是水稻扬花季节。袁隆平带着放大镜，头顶烈日，赤脚踩在田里，一株株地寻觅。

就这样，在1964年和1965年两年时间里，他检查了几十万株稻穗，终于找到了6株雄性不育株，也就是杂交水稻的母本。经过人工授粉，结实数百粒，有的杂交组合表现出优势，这坚定了袁隆平的研究信心，36岁的他写下了第一篇论文《水稻的雄性

不孕性》。

就在这篇划时代的论文里，袁隆平首次描述了水稻雄性不育株的"病态"特征，并正式提出了通过培育水稻三系（即雄性不育系、雄性不育保持系、雄性不育恢复系），以三系配套的方法来利用水稻杂种优势的设想与思路。

事有凑巧，刊发论文的这期《科学通报》变成了"文革"到来时的最后一期，随后杂志停刊。幸运的是，在时任国家科委主任聂荣臻的支持下，1967年，以袁隆平为首的杂交水稻研究小组在安江农校诞生了。

转眼到了1969年，研究却陷入了停滞。在湖南、云南、海南、广东等地的试验田里，研究小组利用三种栽培稻的雄性不育株，先后与近1000个品种和材料做了3000多个杂交组合的试验，但其后代总是达不到100%保持不育的特性。这就意味着，杂交水稻母本的生产是不靠谱的。

痛苦中，经过分析思考，袁隆平发现试验效果不佳的材料具有亲缘关系近的特点，于是决定从亲缘关系较远的野生稻身上寻找突破口。

1970年冬，随着"野败"即雄性不育的野生稻在海南被发现，杂交水稻研究柳暗花明。袁隆平把"野败"无偿地分给全国杂交水稻科研协作组单位后，大批农业科技人员投身其中。

1973年10月，在第二次全国杂交水稻科研协作会议上，袁隆平代表湖南省协作组发言，正式宣布籼型杂交稻三系配套成功。他选育的"南优2号"成为我国第一个大面积生产应用的强优势组合。

1976年，全国籼型杂交稻种植面积超过200万亩，普遍增产两三成。

历经15年，源于袁隆平的一个探索，在不懈努力接连闯过三系配套关、优势组合关和制种关后，中国成为世界上第一个生产上成功利用水稻杂种优势的国家。在三系杂交稻攻关最紧张时，连续七个春节他都是在海南的试验田里度过的。

1981年，国家授予全国籼型杂交水稻科研协作组袁隆平等人国家技术发明特等奖，时任国务院副总理方毅为袁隆平颁奖。

领衔攻关两系法杂交水稻，试验田里苦求索，开创育种新纪元

时隔33年后的2014年，北京人民大会堂，杂交水稻研究又登上了国家科技奖励大会最高奖的领奖台。由袁隆平院士领衔攻关的"两系法杂交水稻技术研究与应用"项目，获得了科技进步奖特等奖。

从三系法到两系法，仅一字之别，却带来了杂交水稻技术的伟大飞跃，确保了我国杂交水稻技术的世界领先地位，并推动了世界杂交水稻的快速发展，是对遗传育种学科的巨大贡献。这背后，是全国10多家科研单位、几十位科研人员历经20余年不懈探索的汗水和心血。啃下这块硬骨头的领头人，就是袁隆平。

三系法是杂交水稻最初培育成功时采用的方法，也是最经典的方法。但是，三系法也是一个复杂的方法，很难协调高产与优质、早熟与高产等问题，杂种优势利用长期徘徊不前，走到了瓶颈之地。

一个叫光敏不育系的发现，让两系法杂交水稻育种顿时海阔天空。它像两栖动物一样功能强大，只不过根据日照条件来决定当下到底表现不育还是可育。而且，理论上现有水稻品种中95%都可以转育成不育系或用作恢复系，选到优良组合的概率大大提高。

1987年，袁隆平又发表了一篇著名的论文《杂交水稻的育种战略设想》。他将杂交稻的育种从选育方法上分为三系法、两系法和一系法三个发展阶段，即育种程序朝着由繁至简且效率越来越高的方向发展，优势利用朝着越来越强的方向发展。

岂料，1989年7月，一次异常低温天气导致已经通过鉴定的"光敏不育系"变成了可育，出现了"打摆子"现象，制出的还是常规种子，这给了育种专家们当头一棒。质疑声四起，很多学者甚至放弃了对两系法的研究。

在这紧要关头，袁隆平及时提出了选育实用光温敏不育系的新思路，明确指出不育起点温度低是实用光温敏不育系的关键指标。

随后，该研究得到总理基金立项和"863"计划的大力支持，组织全国性协作攻关，解决了系列技术难题，逐渐掀起两系法研究的新高潮。

1995年，中国独创的两系法杂交水稻取得成功，普遍比同熟期的三系杂交稻每亩增产5%～10%。次年，中国超级稻育种计划由农业部正式立项，担任主帅的袁隆平提出以"形态改良与杂种优势利用相结合"的水稻超高产育种理论和技术路线。

20多年来，从突破700公斤、800公斤、900公斤、1000公斤，直到1152.3公斤，从湖南到云南的百亩示范田里，杂交水稻大面积亩产的世界纪录先后诞生。这些水稻品种中的佼佼者，都有一个共同的身份——两系法杂交水稻。

第三代杂交水稻种到了家门前，孕育增产新希望

"高产更高产是永恒的追求"，这句话，袁隆平说了几十年，一遍又一遍。

从三系法到两系法，杂交水稻产量连上台阶，但也进入了缓慢增长期。八旬过后的袁隆平，又带领团队瞄准了第三代杂交水稻。经过多年奋斗初战告捷，研究还摘得了湖南省技术发明一等奖。

兼具三系法和两系法优点的第三代杂交水稻另辟蹊径，通过遗传工程不育系研究，为水稻大幅度增产提供了巨大潜力空间。从前几年起，老人家门前那块试验田就种了部分第三代杂交水稻，他在家里就可以看着新宝贝了。

得知有一块试验田里种的第三代杂交水稻长势很好，袁隆平亲自叫了10来个人，和他一起去测产。结果亩产有1300多公斤，老人高兴得直说"惊人"。

耐盐碱水稻也是袁隆平近年来为之奋斗的新目标。他认为，如果能拿出1亿亩盐碱地来开发，每亩按300公斤产量计算，就能增加300亿公斤粮食，可多养活七八千万人口。为了实现这个想法，袁隆平提出了利用水稻杂种优势，提高耐盐碱水稻产量的技术路线。

"全体员工，人人须知，我中心有三大主要任务。"2019年

夏天，在袁隆平工作生活了30多年的湖南杂交水稻研究中心大院里，挂出了一则老人亲笔签名的《科研任务告示》，告示提出了"三大目标"。

其一，冲刺"禾下乘凉梦"，继续巩固每公顷18吨产量的目标；其二，选育耐盐碱水稻，瞄准每公顷产量4.5吨的目标；其三，发展第三代杂交水稻。

几大攻关一直在进行。2021年的夏天，稻田又长新绿，您却已远行。无尽的怀念浸湿了这张告示……

把论文写在祖国的大地上，越来越多的杂交水稻学人将铭记您的教诲，像您一样，为祖国的繁荣富庶，为全人类的福祉奋力拼搏，鞠躬尽瘁！

湖南日报·华声在线　2021年5月23日

心系苍生的大地赤子
——追忆"杂交水稻之父"袁隆平院士之二

左 丹

5月的长沙，连续10多天气温凉爽，像是希望他能走得慢些慢些再慢些；浩渺星空，那颗被命名为"袁隆平"的星星，扑闪扑闪地眨着眼睛，像是含着悲伤的泪水。

海南三亚，国家杂交水稻工程技术研究中心试验田里，成熟的稻穗弯腰垂首，像是默默地送他远行。5月的田野，那成片成片醉人的绿色，像是大地母亲张开的双臂，温柔地迎接她伟大的儿子回家。

他走了，那个回答美国人质疑——"21世纪，谁来养活中国人？"的科学家走了；他走了，那个用一粒种子改变世界的人走了；他走了，那个胸怀"让杂交水稻造福世界人民"梦想的人走了。

2021年5月22日13时07分，"共和国勋章"获得者、首届国家最高科学技术奖获得者、中国工程院院士、国家杂交水稻工程技术研究中心主任袁隆平，因多器官功能衰竭，在长沙逝世，享年91岁。

山河呜咽，大地含悲。他走了，留下了一株神奇的东方魔稻，撰写了一部驱赶饥饿的世纪传奇，矗立了一座永恒的精神丰碑！

一颗永系人民的心

袁隆平有很多头衔，"杂交水稻之父"、中国工程院院士、湖南省政协原副主席等。当有人赞誉他是"人民科学家"时，他说："如果要说什么家的话，我觉得农学家最合适。"

自称为农学家的袁隆平，有一颗永系人民的心。他在立志、选择科研方向等方面，心中始终装着人民。

1930年，袁隆平出生于北京协和医院，在兄弟姊妹六人中排行老二，父母都是知识分子。一年级时，学校组织的一次到园艺场参观的活动，激发了他心中对田园之美的向往之情。从此，他有了一个愿望：长大后一定要学农。大学填报志愿时，为说服不赞成他学农的家人，他说："吃饭是第一件大事，没有农民种田，就不能生存……"

1953年，袁隆平大学毕业分配到湖南安江农校任教。1960年前后，国家遭遇三年困难时期，粮食大规模减产，饥饿笼罩着中华大地。袁隆平和他的学生也面临着饥饿的威胁，这让他深切体会到什么叫作"民以食为天"，感受到了粮食的重要性。他说："作为一个农业科技工作者，我非常自责。本来我就有改造农村的志向，这时就更下了决心，一定要解决粮食增产问题，不让老百姓挨饿！"

为了不让老百姓挨饿，他将研究方向从红薯、西瓜转向了水稻，并从此踏上了让水稻增产高产的科研之路。

科研的路从来不平坦。从1964年发现第一株雄性不育株到三系配套成功，袁隆平整整奋斗了10年。这期间，他做了3000多个试验，为与季节赛跑、追着季节走，自1968年起，每年冬天袁隆平就和助手一起赶到海南三亚搞水稻育种。连孩子出生、父亲病故，他也没有时间回去看一眼。最令人感动的是，袁隆平不计个人得失，将科研材料贡献出来，组织全国性的攻关。1972年3月，国家科委把杂交稻列为全国重点科研项目，组织全国协作攻关。袁隆平将他和助手发现的"野败"材料分发到全国10多个省区的10多个科研单位，加快了三系配套进程。

中国工程院院士、武汉大学朱英国教授曾感慨地说："没有袁老师把自己的成果公开，我们大家都不会有今天的成就，我们很多人可能还在饿肚子！"

袁隆平这种执着、创新，为了科研事业和国家利益不计较个人得失的精神，皆因他心中装着人民，装着不让老百姓挨饿的初心。

20世纪90年代美国经济学家布朗博士曾发出这样的质疑："21世纪，谁来养活中国人？"在袁隆平的杂交水稻问世和超级稻选育成功后，依靠科技，中国人不仅将饭碗牢牢端在自己手里，还为世界粮食安全作出了巨大贡献。

袁隆平说他有两个梦，一个是禾下乘凉梦，一个是杂交水稻覆盖全球梦。为了追梦，他在科研攻关的同时，积极推广杂交水稻技术。从20世纪80年代至今，国家杂交水稻工程技术研究中心一直坚持开办国际培训班，为80多个发展中国家培训了1.4万余名杂交水稻专业技术人才。不管多忙，袁隆平几乎每次都出席了开班仪式，用英文为学员授课。他还受邀担任联合国粮农组织首席顾问，帮助其他国家发展杂交水稻。

目前，杂交水稻已在印度、越南、菲律宾、孟加拉国、巴基斯坦、印度尼西亚、美国、巴西等国实现大面积种植。袁隆平的梦想正变成现实，他的发明正在帮助更多的人摆脱饥饿。

心中装着人民的袁隆平，也深受人民敬爱。中国农民称颂他为"当代神农"或"米菩萨"。非洲、东南亚等地的农业科技工作者，为能来长沙杂交水稻科研"圣地"学习，有的甚至卖掉了自己的家产。

2021年5月22日，袁隆平逝世，长沙市民自发组织上街送行，送行队伍延绵十余公里，队伍中不少人痛哭不已……

一腔赤诚的爱国情

科学无国界，但科学家有祖国。

袁隆平是举世闻名的科学家，也是一位对祖国怀有深厚情感，无比热爱国家的人。他曾说："科技工作者要热爱祖国，热爱人民，这是基本前提。如果对民族、对国家、对社会、对人民没有感情，就很难成就一番事业。"

他的一腔赤诚爱国情，一方面受家庭教育的耳濡目染。他曾这样回忆："我父亲很有爱国心，他在平汉铁路局工作时，做了很多为抗日战争运送军火和战略物资的工作。"另一方面来自他少年时的经历。他说："新中国成立之前，因灾荒战乱，少年时我被迫从一个城市辗转到另一个城市，虽然少不更事，但每当看到沿路举家逃难、面如菜色的同胞，看到荒芜的田野和满目疮痍的土地，我的内心总会泛起一阵阵痛楚。"

正是这种朴素的爱国情感，使袁隆平一生都在忘我工作，并认为自己获得再多的荣誉都属于祖国！他曾回忆说："1997年8月，我去墨西哥参加作物遗传与杂种优势利用的国际讨论会，并被授予先驱科学家荣誉称号。这次会议有60多个国家的600多位科学家参加，其中12位是中国人。我因为签证的关系，迟去了两天，在举行仪式的头一天下午才到。我到了后，其他同胞喜出望外地说，袁老师你终于来了，这下我们的地位就提高了。因为在5名被授予先驱科学家称号的人之中，其余4名都是美国人。我也感到很自豪。那一刻，我深深体会到，荣誉不属于我个人，属于整个中国！"

心中装着人民、深爱着自己祖国的袁隆平从不受名利所累。他常说的一句话是："我不能躺在功劳簿上睡大觉，我还要继续努力。"

水稻超高产育种计划，最早是由日本人于1981年提出实施的。日本用了15年的时间也未能实现计划。1989年，国际水稻研究所提出培育"超级稻"的计划并将其命名为"新株型"育种计划。此后，世界各水稻生产国竞相追随，提出并实施自己的"超级稻"计划。但由于技术路线选择失当，均未达到预期的目标。

1996年，中国农业部制订了中国超级稻育种计划。66岁的袁隆平扛起了实施这一计划的大旗，他把塑造优良的株叶型与杂种优势有机结合起来，提出了旨在提高光合作用效率的超高产杂交水稻选育技术路线。

他的这一技术路线，使中国的超级稻研究捷报频传，遥遥领先世界。2000年，袁隆平的超级稻研究达到了农业部制订的第一期目标——百亩片平均亩产700公斤以上。他的超级杂交稻研究论文再一次在国际水稻学术会议上引起轰动，各国专家纷纷向他表示祝贺："中国人了不起！"

此后，袁隆平和他的科研团队先后实现了超级稻百亩片平均亩产800公斤、900公斤、1000公斤的奋斗目标，使中国超级稻研究遥遥领先世界。

一生痴爱水稻科研

大半个世纪研究杂交水稻，水稻已深深融入袁隆平的生命里。

只要田里有水稻，他几乎每天都要到自己的试验田里转转。2019年9月，被授予"共和国勋章"的袁隆平从长沙赴北京领奖前，专门来到稻田跟水稻道别："你们都乖乖的，我过几天就回来啦。"

2021年4月，从三亚回长沙治病，91岁的袁隆平身体已很虚弱。他身边的工作人员辛业芸女士说，即便这样，他依旧记挂着三亚试验田里的水稻长势，询问已成熟的稻穗千粒重是多少……

袁隆平还曾将自己比喻成一粒种子。他说："我觉得，人就像一粒种子。要做一粒好的种子，身体、精神、情感都要健康。种子健康了，事业才能根深叶茂，枝粗果硕。"

袁隆平是一粒敢于探索、勇于创新的种子。他坦言，搞科研，应该尊重权威但又不能迷信权威，应该多读书但又不能迷信书本。科研的本质是创新，如果不尊重权威、不读书，创新就失去了基础；如果迷信权威、迷信书本，创新就没有了空间。不要害怕冷嘲热讽、标新立异。只有敢想敢做敢坚持，才能做科技创新的领跑人。

袁隆平是一粒扎根大地的种子。他说："我的工作主要在试验田，越是打雷、刮大风、下大雨，越要到田里面去看看，看禾苗倒伏不倒伏，看各个品种能够经得起几级风。从参加工作到现在，只要田里有稻子，我每天都坚持下试验田。我们搞育种的就是要坚持在第一线，这样才会发现新品种，才会产生灵感，'灵感＝知识＋汗水'。我想，搞科学研究是这样，从事其他任何工作也是一样的。"

袁隆平是一粒爱思考、勤奋进取的种子。他的同事、学生说，在杂交水稻科研王国里，袁隆平是一位战略家，他的科研思想、技术路线，带领着中国杂交水稻研究不断超越自己，领先世界。

1999年，年近70的袁隆平曾赠记者一幅字"勤奋、进取，与小丹共勉。袁隆平"。彼时，他已名满天下，但仍壮心不已。如今回忆，令人感怀泪目！

袁隆平是一粒朴素的种子。他的衣服很多都是地摊便宜货。他说："精神上要丰富一点，物质生活上则要看得淡一点。一个人的时间和精力是有限的，如果老想着享受，哪有心思搞科研？在吃方面以清淡和卫生为贵，穿方面只要朴素大方就行了。"

工作之余，袁隆平是一个幽默风趣、兴趣爱好广泛的人。他会给同事取绰号，是骑单车能手、游泳健将、气排球爱好者，还能拉一手小提琴……他的外表非常平凡，平凡得让人恍惚觉得他是中国最像农民的人。但他取得的科研成果、矗立起的精神丰碑，却是如此非凡，如此伟岸！

湖南日报·华声在线　2021年5月23日

终生求索的一代宗师
——追忆"杂交水稻之父"袁隆平院士之三

胡宇芬

在长沙城东马坡岭的一条小路旁,有一个院子不同寻常。

院子不大,从办公楼走到实验室,再走到杂交水稻展览馆,也就几分钟路程。1984年,湖南杂交水稻研究中心在此成立。这是国内外第一家杂交水稻的专业科研机构,时年54岁的袁隆平走马上任担任研究中心主任。

30多年来,这个院子一直是杂交水稻研究的"圣地"。这里诞生了杂交水稻的若干明星品种和育种材料,创造了超级稻研究的世界最高水平,接待了一批批来自国内外的同行和嘉宾。

如今,距离袁隆平发现那株天然杂交稻已经60年,杂交水稻早已在中国大地上扎根,走出国门,并且被播种在越来越广阔的田野上。经过几代科技人接力,新兴的杂交水稻学科也已长成"参天大树"。

又到稻子生长时节,"一代宗师"袁隆平的生命,却永远停留在这个夏天……

高屋建瓴，成就战略科学家

袁隆平不仅是我国杂交水稻事业的开创者，而且始终是这一研究领域的领军人物。他一生写下的论文并不算多，但在杂交水稻研究的关键阶段和节点，都留下了重要的学术思考，指引了研究的方向，被很多同行称为"战略科学家"。

1966年，袁隆平在论文中正式提出，通过培育雄性不育系、雄性不育保持系和雄性不育恢复系的三系法途径来培育杂交水稻，以大幅度提高水稻产量。

1976年，三系杂交稻开始在全国大面积推广。其间经历的制种闯关，见证了从亩产10多斤到70多斤的飞跃，经验弥足珍贵。次年，袁隆平发表论文《杂交水稻制种和高产的关键技术》，总结制种研究和试种栽培经验。同时，还发表论文《杂交水稻培育的实践和理论》，解释了水稻杂种优势利用的科学原理，澄清了一些错误的观点，提出尽管现有杂交水稻优势不够理想，但不能否认水稻杂种优势方向的正确性。

不满足业已取得的成绩，袁隆平提出"杂交水稻的发展战略"，展开两系法杂交稻的研究。取得成功后，他再次发起对超级杂交稻的研究。

超级稻二、三、四期攻关的领跑品种"Y两优1号"、"Y两优2号"、"Y两优900"，是袁隆平学生邓启云的杰作。这是形态改良结合杂种优势利用思路指导下的结果。当初袁隆平要邓启云走这条路时，邓启云还纠结了好一阵。

那是1997年，邓启云开始攻读袁隆平的博士研究生。起先，袁隆平给邓启云设定的研究方向是马来西亚野生稻中的高产基因。这个方向正与邓启云"搞通分子育种"的人生规划一致，他兴致勃勃地做起了研究。

大半年后的一天，袁隆平在南京考察时偶然发现了一个形态特别好的杂交水稻品种，这启发了他。回到长沙后，他一头扎进长沙的试验田里观察、测量了大量数据，写下了著名的论文《杂交水稻超高产育种》。在这篇文章里，袁隆平提出了"形态改良与杂种优势利用相结合选育超级杂交稻"的学术思想。他希望邓启云回到常规育种的路上来，挖掘形态改良与杂种优势利用相结合的潜力。

"袁老师对我说，如果我坚持分子育种，他也指导不了我。坚持还是放弃？我想了一晚上。第二天一早我跑到袁老师办公室，告诉他就按他的思路办。"邓启云说，这一改就是20多年，改出了好多门道。这次老师指引他们的研究方向，最终推进了中国超级稻育种目标的实现。

开放团队，做大杂交水稻事业

2018年初，在北京人民大会堂举行的国家科技奖励大会上，邓启云作为"袁隆平杂交水稻创新团队"的主要成员，捧回了国家科技进步奖一等奖。他们是杂交水稻研究领域首次获奖的创新团队。

在获奖团队的15位主要成员中，当时自称"80后"的袁隆平院士是队长。一声"袁老师"，就是大伙对队长的敬称。

主要成员中，"60后"最多，有8位。他们中既有育种专家，也有栽培专家,是杂交水稻推广及超级稻攻关的中坚力量。"70后""80后"也在成长。袁定阳、王伟平、吴俊等年青一代,担当起分子生物育种技术的探路者。

从当年安江农校的青年教师到蜚声中外的著名科学家,半个多世纪以来,袁隆平深耕杂交水稻这块科学稻田,参与、推动了中国杂交水稻研究的历史性进程。他希望,研究杂交水稻的人越多越好,越强越好。

20世纪70年代开展协作的时期,袁隆平经常架起小黑板,给来取经的协作人员讲课。后来一大批来自全国各地的杂交水稻技术人员,如罗孝和、周坤炉、黎垣庆等人,都迅速成长为杂交水稻专家。

湖南杂交水稻研究中心成立后,袁隆平从国外争取到生物学奖学金资助名单,资助谢放鸣、符习勤等多名研究人员出国深造。

有人担心人员被输送出去了不回来。袁隆平不这么看。"优秀人才的成长需要广阔的自由天地,让他们都窝到我的手下,受着我个人的思想束缚,怎么超越和发展呢?更何况他们出去了,一是为国家增光了,二是有利于在世界上推广杂交水稻。"留学的博士们也十分努力,做出了突出的成绩,先后回国工作。

在与美国水稻技术公司的长期合作中,袁隆平将获得的合作顾问费捐出来,专门用于资助科研人员特别是年轻人,支持已有进展和潜力的项目研究。福建农业大学一位博士后,开展多倍体水稻育种的探索性研究,因经费不足研究几乎停滞。袁隆平得知后,伸出援手鼓励他取得成果。

这些年来,袁隆平拿出自己的部分奖金设立了"袁隆平农业科技奖"。印度专家伊希·库玛也获得了这项荣誉。30多年前，伊希·库玛来到湖南参加了杂交水稻技术培训，听过袁隆平的课。后来，他育成的杂交水稻新品种种植面积占据了印度杂交水稻总面积的50%。印度成为杂交水稻种植的第二大国。

师道传承，愿天下人都有饱饭吃

袁隆平的第一份职业是教师。1953年，袁隆平从西南农学院毕业后来到湖南安江农校任教，带着他新买的小提琴。

为了搞成一个高产新作物，他带领学生做了一些稀奇古怪的嫁接实验。当他发现事实与流行的权威理论不符时，才知道自己被误导了很多年。袁隆平毅然选择拥抱正确但非主流的遗传学理论，并在上课时偷偷讲给学生听。这次在理论指导上的改弦易辙，为他念念不忘的高产新作物研究打下了扎实的根基。

这位"不安分"的研究型老师，后来被调到了湖南省农科院工作，一生培养了数十名硕士、博士研究生。为高产而创新，早已刻进了袁隆平的骨子里。

张玉烛是袁隆平的博士研究生，第一次见袁老师时，就碰上农民带着禾苗上门来问问题。"他回答得很有耐心，就想帮农民提高产量。"张玉烛说，袁老师对粮食安全有一种使命感，不希望世界上有人挨饿。

后来，为了产量的事，袁隆平发了一回好大的脾气。

"三一工程"是袁隆平提出的新战略，即三分地产出360公斤粮食，养活一个人。准备项目申报材料时，张玉烛提出：水稻又要优质绿色又要实现高产，难度很大，是不是将高档优质稻的产量降低一些，把亩产 1200 公斤的目标调为 1100 公斤？另外一个专家补充道，优质稻卖价高些，收入还多些。

"袁老师把本子往地上一丢，说：'我不同意，钱有什么用？当你没有饭吃的时候，两个金元宝买不到一个馒头。'他坚决不同意降低产量，而是要求我们在这个产量目标的基础上改进质量，实现绿色生产。"张玉烛说，这个要求很高，但不得不佩服袁老师的高瞻远瞩。

2020 年底，第四届全国杂交水稻科学研究生论坛在长沙举行，近 300 位研究生齐聚一堂交流。远在海南的袁隆平院士，为论坛发来视频寄语，在殷殷期望中，他分享了自己在科学探索中的八字体会：知识、汗水、灵感、机遇。

如今，大师已逝，怎不令人痛彻心扉！

让袁隆平院士倍感欣慰的是，在他所开创的杂交水稻学科领域中，越来越多的青年科研工作者正在成长！他所坚守的"愿天下人都有饱饭吃"的信念，正在越来越多的科研人心中升腾！

湖南日报·华声在线　2021 年 5 月 25 日

深刻难忘的两次采访

李志林

往事如烟。因长期从事三农报道,我多次采访过袁隆平院士,袁院士的音容笑貌,宛如昨日,有两次采访尤其令我印象深刻难忘。

"《湖南日报》讲了真话,很好嘛"

20世纪90年代起,甚至到了1995年,西方舆论中竟流行起"中国人养活不了自己"的论调,其中以美国世界观察研究所布朗博士的观点最具轰动效应。他预测,到2030年,中国粮食需求是6.51亿吨,而到时中国因各种原因,粮食产量会下降到2.67亿吨,需求与产出差距巨大,谁来养活中国人?

1995年6月底,袁隆平院士和著名经济学家林毅夫在长沙同时出席一个学术会议。就这个问题,两位大家进行了深入探讨。他们以翔实的数据和实践经验,从中国粮食历史增长路径、科研潜力、土地承载等方面,对这一谬论进行驳斥,同时也直面中国的粮食问题,特别是科研的困境。

已经名满天下的袁院士，十分健谈，对谈时风趣幽默，而林教授则相对理性，但其掌握的数据之多，让做了充分准备的记者也十分佩服。

袁院士说到问题时，非常直爽。他说，那时最为苦恼的就是一个"钱"字。他"大名"在外，单位一年科研费、人头费也只有60万元。许多科研人员看不到前途，有的选择了辞职下海。1994年，总理基金直接拿出1000万元给他搞研究，才去了他的心头之患。袁院士对记者说："我吃了饱饭，是特例。你一定要把农业科研的真实情况反映出去，把困难讲出来。"

对谈从下午2点开始，二人兴趣盎然，吃了晚饭后继续畅谈到晚上八九点。1995年7月21日，我写出了长篇稿件《中国粮食面临的希望与挑战——袁隆平和林毅夫两专家对话录》在《湖南日报》发表。幸运的是，我没有辜负袁院士的期望，文章中甚至直接引用了袁院士"我有时异想天开，比如从全国公款消费中抽出个零头，从高级的楼堂馆所中收点小费，来支援农业科研"这样直白的话语。文章发表后不久，我再次碰到袁院士时说到这篇文章，他跟我说："《湖南日报》讲了真话，很好嘛。"

"署名"上市公司，决不与农民争利

2000年前，隆平高科筹备上市。这个公司是以研发、生产种子为主，特别是杂交稻种子，在湖南甚至在中国都很有影响力，已经具备上市的条件。在公司的定名上，当时的领导希望借用袁隆平的名字来打响品牌。但袁院士非常纠结，他非常担心公司在经营过程中会沾了一股"铜臭"味。虽然袁院士并不参与公司经营事项，但在各方的说服下，平易近人的袁院士最终同意"署名"上市公司，但他要求，公司一定要守法讲德，决不与农民争利。在设计公司宣传形象时，我应邀参与其中。我还记得当时大家根据袁院士对杂交稻的伟大贡献以及对世界产生的巨大影响，定位了"一粒种子改变世界"的公司理念形象。随后，我便以此为题，对这一理念进行了深入阐述，我的阐述得到了袁院士的高度认可。袁隆平说，小小的种子，改变着大大的世界。让所有人远离饥饿，是每个农业科技工作者的不懈追求，也应该是公司的努力方向。

湖南日报　2021年5月24日

袁隆平:"湖南日记"里耀眼的星辰

周月桂　孟姣燕

在历史的天空中,有的人会成为星辰,"杂交水稻之父"袁隆平院士就是其中之一。

何其有幸,我们曾与他共处一个时空,被他的星光所照亮。何其有幸,《湖南日报》作为"湖南日记",持续"追星",记录了这璀璨的星光。

今天,我们再次翻阅"湖南日记",触摸过去时光的肌理,透过湖南日报社记者的笔触,寻找那颗星星曾经投射到我们眼里的光。

从安江农校走出的杂交水稻研究"攻关尖兵""在茫茫稻海中一丘丘田去观察、觅寻"

1959年6月4日　星期四	《新湖南报》3版
《理论知识与生产实践并重》	

日记原文

教小麦课的袁隆平老师，最近组织了一次现场教学——"小麦田间总结"，广泛地运用本地区许多生产实例，对比、分析了小麦播种期、播种量、播种方式和施肥等问题，内容生动、扎实，同学们印象深刻，教学效果良好。

【注】袁隆平的名字第一次出现在"湖南日记"里时，他是一个"理论知识与生产实践并重"的农校教师。

1953年，袁隆平从西南农学院（重庆）农学系遗传育种专业毕业后，到湖南省安江农校任教。就在安江农校的稻田里，袁隆平默默进行了关于杂交水稻的试验。1967年，杂交水稻研究小组在安江农校诞生了。

1977年11月2日　星期三　　　　　　　《湖南日报》1版
《杂交水稻研究的"攻关尖兵"——记省杂交水稻研究协作组成员袁隆平》

日记原文

我省进行杂交水稻的研究，是从1964年开始的。现在的省杂交水稻研究协作组成员、当时在黔阳农校（注：即安江农校）工作的袁隆平同志，首先发现了雄性不育株，使研究工作有了一个良好的开端。

六月，骄阳似火，也正是水稻扬花时节。为了寻找水稻不育株，袁隆平每天上午十一时至下午三时，头顶烈日，脚踏烂泥，拿着放大镜，在茫茫稻海中一丘丘田去观察、寻觅。

【注】该文是袁隆平院士第一次成为"湖南日记"头版头条的报道对象，详细记录了1964年以来袁隆平在杂交水稻研究领域的探索。1970年，袁隆平团队在海南岛发现了一株雄性不育野生稻，后被命名为"野败"。1973年10月，第二次全国杂交水稻科研协作会上，袁隆平正式宣布籼型杂交水稻三系配套成功。

1981年6月7日　星期日　　　　　　　　《湖南日报》1版
《国家科委、国家农委在北京联合召开大会　给籼型杂交水稻科研协作组颁发特等发明奖》

日记原文

农学家袁隆平代表籼型杂交水稻的全体发明人在授奖大会上表示，要谦虚谨慎，戒骄戒躁，把荣誉当作动力，去攀登新的高峰。

【注】1981年6月6日，国家授予全国籼型杂交水稻科研协作组袁隆平等人特等发明奖，时任国务院副总理方毅为袁隆平颁奖。

1985年12月8日　星期日　　　　　　　《湖南日报》1版
《袁隆平新著〈杂交水稻简明教程〉问世》

日记原文

我省著名育种学家袁隆平撰写的《杂交水稻简明教程》一书，已由湖南科技出版社用中、英文两种文字出版。

【注】袁隆平著于1985年的《杂交水稻简明教程》，经联合国粮农组织出版后，发行到40多个国家，成为全世界杂交水稻研究和生产的指导用书。

1987年11月5日　星期四　《湖南日报》第一版
《"绿色革命"功臣袁隆平在巴黎领奖》

日记原文

联合国教科文组织今天下午（注：1987年11月3日）在巴黎总部向中国杂交水稻专家袁隆平颁发了1987年科学奖，以表彰他在培育高产杂交水稻方面取得的卓越成果。

袁隆平致答词说，他认为，科学是没有国界的，他的科研成果不仅属于中国，也属于全世界。他表示要为解决人类仍然面临的饥饿问题作出更大的贡献。

【注】联合国教科文科学奖是世界性的科学大奖，设立于1968年，每两年评选一次。袁隆平是第一个获奖的中国科学工作者。

"搞科研好比跳高，当你跨过了一个高度，前面又是一个新高度"

1992年9月16日　星期三　　　　《湖南日报》2版
《跨越，向着新的高度》

日记原文

早在他着手实施两系法研究时就有人劝过他："您已经是世界名人了，何必再搞两系法呢？万一有什么闪失，岂不坏了您一辈子名声？"袁隆平不是这样考虑的，他告诉记者，搞科研好比跳高，当你跨过了一个高度，前面又是一个新高度。除非你不跳，否则最终总是要失败的。跳不过不要紧，为后人打下了基础，这样才有利于科学技术的进步。

【注】20世纪90年代，袁隆平带领团队继续奋战在田头，连续攻破水稻超级育种难题，从亩产700公斤，逐步跃至1100公斤。在他的带领下，中国杂交水稻技术走向世界前列。

1995年8月24日　星期四　　　　　　　《湖南日报》1版
《袁隆平宣布 我国两系杂交水稻基本获成功》

日记原文

著名杂交水稻专家袁隆平在怀化召开的全国两系法杂交中稻现场会上宣布：我国两系法杂交水稻难点突破，技术配套已经成熟，试验示范获得基本成功，可逐步在生产上大面积推广应用。

【注】1995年，中国独创的两系法杂交水稻取得成功，普遍比同熟期的三系杂交稻每亩增产5%~10%。20多年来，杂交水稻大面积亩产的世界纪录先后诞生。这些水稻品种中的佼佼者，都有一个共同的身份——两系法杂交水稻。

2000年12月22日　星期五　　　　　　《湖南日报》1版
《超级杂交稻研究实现首期目标　袁隆平的下一个目标：大面积亩产800公斤》

日记原文

"杂交水稻之父"、中国工程院院士袁隆平主持的超级杂交稻育种项目，目前已经圆满实现了农业部制定的第一期目标，即连续两年在同一生态地区的两个百亩以上连片亩产700公斤。

2001年2月20日　星期二　　《湖南日报》2版
《挑战饥饿——记首届国家最高科技奖获得者袁隆平》

日记原文

"您新的奋斗目标是什么？"记者问道。

袁隆平院士说，他正在和全国的杂交水稻研究者一起，向农业部颁布的超级杂交稻第二期目标迈进，力争大面积亩产达到 800 公斤以上，向被国际农业科学界视为的水稻产量极限挑战，从而在全球范围内再次掀起新的"绿色革命"。他说："为我国人民战胜饥饿只是第一步，中华民族的农业科学工作者还要为世界战胜饥饿做出贡献。"

【注】2001 年 2 月 19 日，中共中央、国务院在北京隆重举行国家科学技术奖励大会。新中国成立以来第一个最高科技奖励——国家最高科学技术奖的桂冠戴在了袁隆平院士的头上。

2004年3月31日　星期三　　　　　　《湖南日报》1版
《袁隆平喜获"世界粮食奖"》

日记原文

多少汗水、多少心血，化作了沉甸甸的稻穗。世界粮食奖基金会称他为"世界水稻研究领域最重要的专家之一"，"在世界上率先培育成功并广泛种植的杂交水稻在中国引发了一场水稻生产革命，使水稻产量在一个世纪中增加了2倍。杂交水稻这一育种途径由此从亚洲、非洲到美洲广泛传播，养活了数以千万计的人口。"

【注】在华盛顿召开的"2004年度世界粮食奖桂冠发布会"上传来消息：袁隆平院士获得"世界粮食奖"。这是袁隆平获得的第11个国际大奖。

2019年10月21日，湖南衡阳衡南县杂交水稻基地的19—22号杂交水稻　杨华峰 摄

"我的脑瓜子还可以,还要从'90后'一直工作到'100后'"

2010年9月6日　星期一　　　　　　　　《湖南日报》7版
《喜看稻菽千重浪　最是风流袁隆平》

日记原文

谈起生日愿望时,袁院士告诉记者:"我今年80岁,现在身体还好,老骥伏枥,壮志未已。我还要进行新的挑战,向新的目标迈进。我有两个愿望:第一是第三期超级稻大面积亩产900公斤目标,我们要在2015年实现,争取提前2到3年实现;第二是把杂交水稻推向全世界,为世界人民造福……"

"我这个人爱好自由,特长散漫。现在这个成为名言了。还有,祝你健康快乐,也是我改的。光长寿,不快乐,有什么用?常为小事发愁,斤斤计较,你就肯定快乐不了。"

【注】2010年9月7日,是袁隆平院士80华诞。湖南日报9月6日推出整版报道《喜看稻菽千重浪　最是风流袁隆平》,向袁隆平院士奉上最诚挚的祝愿。《"90岁时争取亩产达到1000公斤"——袁隆平畅想超级稻》《"爱好自由 特长散漫"——袁隆平聊养生》《"斤斤计较名利的人成不了大器"——袁隆平向青年科技工作者建言》《"安江农校成'国保'当之无愧"——袁隆平谈那些与超级稻有关的新闻事件》等新闻报道,生动展现了袁隆平院士蓬勃的生命力。

2011年9月20日　星期二　　　　　　　　　《湖南日报》1版
《超级杂交稻亩产900公斤攻关获重大突破　隆回百亩片亩均926.6公斤　农业部给袁隆平发来贺信》

日记原文

9月18日，由农业部组织的专家组，在隆回县羊古坳乡对杂交稻"Y两优2号"108亩高产攻关片进行现场测产验收，验收结果为平均亩产926.6公斤。这标志着，我国的超级杂交稻第三期亩产900公斤攻关取得重大突破。当天，欣闻这一喜讯后，农业部特意向袁隆平院士发来贺信。

2012 年 4 月 19 日　星期四　　《湖南日报》6 版
《原生态·袁隆平》

日记原文

"湖南日报的记者采访我是最早的,还在安江农校的时候,来采访的记者大热天为了赶稿子,赤膊上阵。"

"听说'一粒种子改变世界'是湖南日报的记者想出来的,创意不错。"

"这次湖南日报派你们专程来三亚采访我,很用心,你们也很优秀。"

【注】2012 年 4 月 1 日至 3 日,湖南日报记者在海南三亚"追星",每天与袁隆平"混"在一起,近距离接触这位令世人敬重的科学家。他朴素的生活跟平常人没什么两样。他每天要去田里看看,并尽可能"干"点农活。好多的"乐趣",他都要自己去"享受",比如自己去步行街挑几十元一件的花格子衬衣,打球总要争个输赢,看到别人骑自行车,说不定会抢过来"炫"一把车技……

2014年10月11日　星期六　　　　　　　　《湖南日报》1版
《超级稻大面积亩产超1000公斤　创造了水稻大面积亩产最高纪录，溆浦百亩片田均1026.7公斤》

日记原文

在怀化溆浦的一片稻田里，超级稻百亩片平均亩产达到1026.7公斤，这标志着，我国的超级杂交稻第四期亩产1000公斤攻关取得成功。年过八旬的袁隆平院士壮心不已，宣布向下一个目标16吨/公顷进军。

2018年10月15日　星期一　　　　　　　　《湖南日报》1版
《袁隆平："高产更高产是永恒的追求"》

日记原文

让杂交水稻覆盖全球，是袁隆平院士的两大梦想之一。

"如今，杂交水稻在国外种植面积达700万公顷，种植面积最大的印度有200多万公顷。"袁隆平说，杂交水稻不仅解决了中国人的吃饭问题，而且正在造福世界。

2018年12月2日　星期日　　　　《湖南日报》4版
《破解"稻语"慰苍生》

日记原文

日前，袁隆平的名字出现在《关于改革开放杰出贡献拟表彰对象的公示》名单上……"禾下乘凉梦""杂交水稻覆盖全球梦"，袁隆平追梦圆梦，从壮年走到了老年。当年冲破束缚、艰难起步的杂交水稻研究，在改革开放后树起了一座座丰碑。

2019年9月30日　星期一　　《湖南日报》3版
《"我不能躺在功劳簿上睡大觉，应该继续努力"》

日记原文

袁隆平院士说，几十年来，自己得过很多奖，国际奖就有18个，但这次获授"共和国勋章"最隆重、最荣光，"这是最高荣誉，也是对我最大的鼓励"。

"我不能躺在功劳簿上睡大觉，应该继续努力，继续攀高峰。我现在是'90后'，身体还算好，脑瓜子还不糊涂，要在百岁之前努力完成杂交水稻每公顷产量20吨的目标。"

【注】2019年9月29日，中华人民共和国国家勋章和国家荣誉称号颁授仪式在北京隆重举行。中共中央总书记、国家主席、中央军委主席习近平向"共和国勋章"获得者袁隆平颁授勋章。湖南日报记者在北京第一时间采访到了袁隆平院士。

2020年11月4日　星期三　　　　　《湖南日报》4版
《袁隆平院士：我还要从"90后"一直工作到"100后"》

日记原文

今天（注：2020年11月3日），在湖南杂交水稻研究中心举行了第三代杂交水稻双季亩产突破1500公斤新闻发布会……袁隆平院士称"这是一个很大的突破"，表示下一步要向全省、全国推广。

"高产更高产的追求是永恒的。"90岁的袁隆平院士说，"我的脑瓜子还可以，还要从'90后'一直工作到'100后'。"

2007年5月10日，袁隆平院士在试验田观察水稻长势　赵众志　摄

浩渺星空，那颗编号"8117"的袁隆平星依然闪耀

2021年5月23日　星期日　　　　　　　《湖南日报》1版
《稻田追梦的科学巨擘》

日记原文

把论文写在祖国的大地上，越来越多的杂交水稻学人将铭记您的教诲，像您一样，为祖国的繁荣富庶，为全人类的福祉奋力拼搏，鞠躬尽瘁！

2021年5月23日　星期日　　　　　　　《湖南日报》1版
《国士无双　巨匠永恒》

日记原文

我们在婆娑的泪光中回忆他的音容、怀念他的伟绩、仰望他的背影，更需化悲痛为力量，继承、弘扬他为国为民、为人类的进步事业而燃烧自我、烛照前方的可贵精神与品格。

2021年5月23日　星期日　《湖南日报》3版
《赓续未竟事业　矢志强农兴农》

日记原文

大地静默，目送她的赤子远行；禾穗低首，渴望他的再次轻抚。

5月22日的长沙，细雨凄迷。下午3时，湘雅医院的路边聚集了不少闻讯赶来送行的市民，哀伤的情绪弥漫在城市上空。

在医院大门口的广场一角，摆满了市民们悼念的鲜花，其中不少是外地网友托外卖小哥送来的。还有市民送上了3束鲜嫩的水稻，"袁老先生，一路走好""国士无双，先生千古"……卡片上的缅怀，让人泪目。

下午4时，载着袁隆平院士遗体的灵车缓缓驶出医院。"袁爷爷，一路走好！"市民们齐声高喊着，一路小跑追赶，送袁老最后一程。道路的另一旁，车辆静止，喇叭齐鸣，向这位共和国英雄致敬。

【注】2021年5月22日13时07分，"杂交水稻之父"袁隆平院士在长沙与世长辞，享年91岁。

这一天，人们自发走上长沙街头，在细雨中送别袁老，众人齐喊"袁爷爷，一路走好"。"当稻花抽芽，稻米成熟时，我们仍然会想起你。"

浩渺星空，那颗编号"8117"的袁隆平星，依然闪耀。

湖南日报·新湖南客户端　2021年6月3日

袁隆平：一粒种子改变世界

袁隆平院士是我国研究与发展杂交水稻的开创者，面对"谁来养活中国"的疑问，他领衔的科研团队接连攻破水稻超高产育种难题，他生前曾讲述了"一粒种子改变世界"的故事。

中国工程院院士袁隆平：人呢，就是要有一种精神，要有一个追求的目的。科学家要利用他的智慧、研究，干实事，为国家、为人民带来更好的希望！20世纪70年代，开始大面积推广杂交稻，粮食取得了增产。到了20世纪80年代中后期，我们有一个杂交稻品种，就是叫"汕优63"。到了20世纪90年代，我们就攻关两系法，1995年取得成功，它就是超级杂交稻，最高的产量百亩片，由2000年的700公斤，到了2004年是800公斤，到了2011年900公斤，2014年百亩片过了1000公斤。去年（2020年）在衡南县实现了亩产1500公斤，这是遥遥领先于全世界的。到中国共产党（成立）100周年纪念的时候献礼，实现每公顷（15亩）20吨，我们比较有信心，实现这么一个伟大的目标。

湖南卫视《湖南新闻联播》　2021年5月22日

深切缅怀袁隆平　向"国之脊梁"致敬

中国人的饭碗要牢牢端在自己手中，袁隆平院士对国家粮食安全怀有的赤诚初心，从未改变。他生前说，自己成功的"秘诀"就是八个字：知识、汗水、灵感、机遇。让我们一起回顾袁隆平院士一生的精彩瞬间，深切缅怀这位"国之脊梁"。

1964年袁隆平开始研究杂交水稻；

1966年袁隆平发表论文《水稻的雄性不孕性》；

1986年，袁隆平正式提出杂交水稻育种战略；

中国工程院院士袁隆平：想借鉴杂交高粱和杂交玉米的经验，就是要通过培育雄性不育系，来利用水稻的杂种优势。

2000年，超级水稻第一期攻关大面积亩产达到700公斤；

2004年，超级稻亩产突破800公斤；

2011年，超级稻亩产突破900公斤；

2014年，超级稻亩产突破1000公斤；

中国工程院院士袁隆平：我有两个梦，一个梦就是水稻高长更高产，就是禾下乘凉梦。我梦见在高产杂交稻稻穗下乘凉，就是禾下乘凉梦。第二个梦就是杂交稻要覆盖全球梦。

2020年，超级稻成功实现"亩产1500公斤高产攻关"的目标；

中国工程院院士袁隆平：我现在是 more than excited（更加激动），能够达到 880 公斤我就很满意了，现在是超过了 900 公斤，那我是非常满意了。3000 斤首先在湖南实现，在我们杂交稻之乡那是锦上添花。

2020 年，中国以外地区的杂交水稻种植面积达 5000 万公顷；

2019 年 9 月 29 日，袁隆平被授予"共和国勋章"。

湖南农业大学学生：现在袁院士虽然离我们而去，但是他的精神将永存，激励着一代又一代学农的学子。

长沙市民李舒婷：听到他离世的消息，感到非常突然，他是非常值得我们尊敬的人，所以今天也把孩子带过来缅怀一下。

湖南农业大学学生：虽然您已经永远地离开了我们，但是您仍然活在我们心中。

长沙学生蒋沐辰：他这一辈子辛苦了，一路走好。

长沙市民：他不仅仅是解决我们中国人的粮食问题，还解决了全球人的温饱问题。

第三代杂交水稻衡南试验示范基地技术负责人甘宗恒：严格按照袁老生前的愿望，把薯稻稻亩产 1800 公斤的目标继续完成。

常德临澧合口镇龙家溪村村民李书奇：袁院士到我们这办了基地以后，禾苗年年都长得好又高产，这也带动了群众的积极性。

邵阳隆回县超级杂交水稻高产攻关科研基地负责人王化

永：化悲痛为力量，继续把试验田、试验基地做好，还要把好的种子、好的技术进行大力推广，按照袁老师的指导为农业科技进步和国家的粮食安全继续努力工作。

     湖南卫视《湖南新闻联播》　2021年5月22日

袁隆平：
发展杂交水稻　造福世界人民

"发展杂交水稻　造福世界人民"是袁隆平毕生的追求。为了实现这一宏愿，袁隆平为片片稻田倾注了一辈子的心血，向水稻高产潜力发起一次又一次冲锋，用一粒种子，改变了整个世界。

中国工程院院士袁隆平：我的终身愿望就是"发展杂交稻　造福世界人民"，这是我的梦想。

这是袁隆平院士90岁接受采访时所说的，为了实现这个心愿，他的内心无比坚定。

1979年，袁隆平前往菲律宾出席杂交水稻国际学术会议，他全程用流利的英语介绍了中国在杂交水稻领域攻关的历程和优势，这一年，杂交水稻首次走出国门。经过多年培育，袁隆平成功选育出"西岭8号"，打破了中国杂交水稻品种不适合热带种植的断言，让世界记住了中国杂交水稻。

中国工程院院士袁隆平：那农民高兴得不得了，我用英文讲，稻穗是不是heavy，重不重？他说heavy。我说你是不是

happy？他说 happy!happy! 他说我很高兴！

为了让更多人有饱饭吃，袁隆平先后举办了近 60 期杂交水稻国际培训班，为亚非拉约 50 个发展中国家培训了 3000 多名技术人员。

从海水稻到沙漠稻，几乎没法种植的水稻地方一次次结出了顶级的稻米，随着杂交水稻技术在世界各地的土地上生根开花，袁隆平的杂交水稻覆盖全球梦，慢慢成为现实。如今，杂交水稻已经在印度、孟加拉国、印度尼西亚、越南、菲律宾、美国、巴西、马达加斯加等国大面积种植，年种植面积达 800 万公顷，平均每公顷产量比当地优良品种高出 2 吨左右，这串数字背后，意味着多点亮 4 亿～5 亿人生的希望，世界人民从心底记住了这个总是追着水稻要产量的老人——袁隆平。

乌干达愿景集团主持人穆巴拉克·穆加博：袁隆平让水稻种植在非洲干旱的土地上真的是个奇迹。

埃及金字塔门户网外事记者马哈茂德·萨阿德·卡米尔·迪亚布：毫无疑问袁隆平是个伟大的人，他用聪明的头脑，让世界水稻增产。

巴基斯坦嘎德农业研究与服务公司研发总监阿卜杜·拉希德："杂交水稻之父"，我们也这样称呼袁隆平院士，世界每个角落的人都知道他。

尼泊尔农业研究中心种植科负责人阿南达博士：能够遇到袁隆平，是我的骄傲，他很了不起，很感激他做的研究工作。

湖南卫视《湖南新闻联播》 2021 年 5 月 22 日

低调是你，风趣是你
——"身边人"忆袁隆平

和婷婷

说起袁隆平，许多人都以为他是一丝不苟的老派直男科学家。然而，接触下来，没想到老人家居然还有另外一面——低调、风趣又可爱。5月23日，记者采访了多位与袁隆平院士有过交集的人士，透视他们眼中的袁隆平。

风趣：应邀参加活动，不仅脱稿还要飙英文

湖南省联创低碳经济发展中心理事长张繁回忆，2017年在筹备亚太低碳技术高峰论坛时，他到袁隆平院士的办公室邀请袁隆平参加技术高峰论坛并作主旨发言的经历，让他印象深刻。

他问："要我讲什么呀？"

我答："讲您想讲的。"

他说："那我还是讲我的杂交水稻。用仅有的耕地养活尽可能多的人，也是低碳技术对吗？"

然后他又问："这是国际会议，我用中文讲还是英文讲？"

我答复:"外宾很多,虽然有同传,但袁老您如能用英语讲,一定更加精彩。"

他说:"那我就用英语讲。"然后转头跟秘书说:"你们不用给我准备稿子了,我直接讲就行。"

....

"袁老的主旨演讲,果然成了那届论坛的经典。"张繁感慨,一晃四年,巨星陨落,伟人浩然气概与质朴风采长存人世!

遗憾:说好的电影客串,怎么就爽约了

5月22日下午,记者在"袁隆平丛书"的主编、电影《非常稻》联合制片人瞿建波的微信朋友圈中看到,他当天已经连发十条内容,条条内容与袁老相关。

记者致电瞿建波采访,电话刚接通,一句被压低音量的"你好,哪位?"从电话那头传来。

当记者提到"袁老"二字时,电话里的声音开始发抖、语不成句,一阵啜泣之后,是持续的静默。

瞿建波告诉记者,他和袁隆平院士结识已有近二十年了。真正深度交往,是从2014年采访他的学生方志辉开始。"采访发现,向国外推广杂交水稻,实现袁老杂交水稻覆盖全球梦,其团队的付出和奉献巨大,经历异常艰苦。然而,那些'唯一'的第一手资料却并没有人专门收集,丢失实在可惜。没有隆平精神,没有隆平文化,在国外推广是不可能取得这么大的成就的。于是,我鼓励方志辉创作。"经过几年的合作,与方志辉一样,瞿建波也成为著作人,"袁隆平丛书"三部纪实文学《稻可道》《非常稻》

《稻生一》也应运而生。

2020年12月，根据"袁隆平丛书"改编并拍摄的一部反映杂交水稻在海外推广、发展的电影《非常稻》在国家电影局立项并公布。据悉，该电影旨在让更多的人了解袁隆平及其团队在海外推广杂交水稻的传奇故事，传播杂交水稻造福世界人民的精神文化，弘扬"杂交水稻覆盖全球梦"的伟大梦想。

"袁老也很重视这个电影，不仅给了签名授权，还答应部分镜头亲自出镜，本色出演！现在，这成了永远的遗憾。"瞿建波表示，后续会做好电影以缅怀袁老。

低调：是教科书里的人物，亦是可亲的邻家大爷

袁隆平一生与水稻为伴，常年在湖南、广西、云南、海南等地的水稻基地间往来，为他提供出勤服务最多的是南航。

看到网上刷屏的消息，南航湖南分公司乘务长阳静潸然泪下。

"多年前，袁老乘坐我服务的航班时，将看完的报纸整整齐齐叠好递给我，说还可以留给其他人看。"

简单的一句话，她铭记至今。

2012年6月27日，袁隆平乘机前往湛江视察广东省超级杂交稻高产示范工程合作项目。在航班上，乘务长徐新艳问候道："袁院士，您好，您的事迹我们全体组员都耳熟能详，我们也是吃着您研制的大米长大的，请允许我代表南航和我们全体机组人员向您致敬……"

袁隆平院士微笑着回复："那就……照个相呗！"

听后，原本忐忑紧张的机组人员都笑了。

合影后，他们激动地向袁隆平表示感谢，袁隆平又风趣地说道："It is my pleasure."

2016年至2018年，南航湖南分公司地服部客户经理刘香伶曾三次保障过袁院士出行的航班。在她的记忆中，袁老就像爷爷一般和蔼可亲。"2016年第一次见到袁老时，我激动又紧张。见面后，发现袁老特别平易近人，不仅鼓励我要奋斗，还跟我拉起了家常。最让我感动的是，2017年我第二次保障袁老出行的航班时，袁院士竟然还认出了我。"

《三湘都市报》　2021年5月24日

禾下乘凉是袁老一生的追求

"我有一个梦,叫'禾下乘凉梦'。我们的水稻有高粱那么高,穗子有扫帚那么长,籽粒有花生那么大,我看着好高兴,坐到稻穗下乘凉……"为了这个梦,袁隆平院士将一生奉献在田野间。5月22日,这位有着禾下乘凉梦的老人,在禾下睡着了。

"杂交水稻之父"、中国工程院院士、"共和国勋章"获得者袁隆平与世长辞,国人泪目。袁隆平一生致力于杂交水稻技术的研究、应用与推广,长期奋战在农业第一线,实现了千百年来人民心中最朴素的愿望,让上亿人摆脱了饥饿。

祖籍江西,出生于协和医院

袁隆平出生于北京,祖籍江西。照片上的他看起来像农民,不少人认为他应该是农民出身。

实际上,他于1930年9月7日出生于北京协和医院,接生的医生是林巧稚,后来林巧稚成为全国妇产科的权威。

他的出生证明是打印的，除了打印文字，其余的空白则是用繁体中文或英文填写，左上页填写的是婴儿的生命信息和家庭信息——袁小孩，家住西城旧刑部街长安公寓，原籍江西德安城内；右页中间为袁小孩出生时留下的脚印，上面还有为袁小孩接生的妇产科大夫的英文签名：Qiaozhi Lin（林巧稚）。

袁隆平是这样说自己家庭的：

"我父亲袁兴烈生于1905年，毕业于南京的东南大学，在县里担任过高等小学的校长和督学。后来他受到西北军的爱国将领孙连仲的器重，做了这位上将的秘书。再后于1947年底调到南京国民政府侨务委员会任职，做事务科科长。

"我母亲早年在江苏镇江教会学校读高中，我的英语是我母亲发蒙的，很小时我就跟着她念，后来上学，我的英语课从来不复习就是高分，我觉得很容易，因为我有基础。

"我家虽然祖籍是江西，我自己却是出生在北平协和医院。因为生在北平，便取名'隆平'。当时，我的姨妈华秀林是北京协和医院的护士长，根据协和医院的记载荣幸得知，我是由林巧稚大夫参与接生的。

"重视英语教学，是教会学校的特点之一。在那种几乎全是英文的环境中学英语，我当时达到了看英文电影百分之八九十都听得懂的程度。我现在之所以能在频繁的国际学术活动中运用英语进行交流，诸如学术讨论会、合作研究、技术指导和宣读论文等，主要是母校给我打下了良好的基础。当然，我母亲对我的英语启蒙也是很重要的，她毕业于教会学校，英文很好，对我的影响也是很大的。"

"将来我一定要去学农"

因为父母的关系，袁隆平去过很多地方，见识到了许多地方的风土人情。小学一年级时，学校组织到武汉郊区的一个园艺场参观。对于在城市里住惯了，从没见识过果园的袁隆平来讲，那次郊游十分奇妙。

"从此，每到桃子成熟的季节，我记忆中那个美丽的果园便飘进我的心灵，满园里郁郁葱葱，到处是芬芳的花草和一串串鲜艳的果实。我觉得那一切实在是太美丽了！美得我当时就想，将来我一定要去学农。"袁隆平说。

1949年夏天，袁隆平高中毕业后，父亲打算让他报考南京的大学，但袁隆平却有自己的想法，他说："我想当一个农业科学家。"19岁的袁隆平与父母发生了争执。他的父母认为，学农很辛苦，当时建议他填报理工或者医学专业，但袁隆平有自己的主见。最后，他不顾父母反对，毅然报考了重庆相辉学院农学系（后并入"西南农学院"），果断跳进"农门"。

下定决心不让老百姓挨饿

20世纪60年代，粮食问题是生活中的大问题，由于物资匮乏，按月取粮成为每个家庭获取粮食的唯一途径。也就是在这个时候，袁老发现了试验田里的第一株天然杂交稻，继而推开了水稻杂交试验的大门。

1953年8月，袁隆平从西南农学院（现西南大学）农学系毕业。同年被分配到湘西雪峰山麓安江农校教书。"作为新中国培育出来

2012年9月20日，袁隆平院士在安徽舒城县千人桥镇超级杂交水稻亩产1000公斤示范攻关点查看超级杂交水稻的长势

的第一代学农大学生，我下定决心要解决粮食增产问题，不让老百姓挨饿。"

1956年，袁隆平带着学生们开始了农学试验。通过几年时间的研究，袁隆平发现水稻中有一些杂交组合有优势，并认定这是提高水稻产量的重要途径。

1961年7月，袁老在农校试验田中意外发现一株特殊性状的水稻。他利用该株水稻试种，发现其子代有不同性质。因为水稻是自花授粉的，不会出现性状分离，所以他推论此为天然杂交水稻。随后他把雌雄同蕊的水稻雄花人工去除，授以另一个品种的花粉，尝试产生杂交品种。

5年后，袁隆平发表第一篇论文《水稻的雄性不孕性》，刊登

2015年5月9日，三亚，袁隆平院士来到三亚超级杂交水稻"超优千号"示范基地，查看超级杂交水稻的长势

在中国科学院主办的《科学通报》半月刊第17卷第4期上。同年5月，国家科委九局局长赵石英看到后，以科委九局名义致函湖南省科委与安江农校，支持袁隆平的水稻雄性不育研究活动。

1971年春，湖南省农业科学院成立杂交稻研究协作组，袁隆平被调到省农业科学院杂交稻研究协作组工作。两年后，袁隆平在苏州召开的水稻科研会议上发表了《利用"野稗"选育三系的进展》的论文，正式宣告中国籼型杂交水稻三系已经配套，产量在原来基础上增产一倍有余。

1979年4月，在杂交水稻国际学术会议上，袁隆平宣读了自己的论文《中国杂交水稻育种》，这是中国第一次将杂交水稻研究的成功经验传递给世界。

1981年，国务院将"国家技术发明特等奖"授予以袁隆平为代表的全国籼型杂交水稻科研协作组。

1986年，袁隆平正式提出杂交水稻育种战略：由三系法向两系法，再到一系法，在程序上朝着由繁到简但效率更高的方向发展。经过9年努力，两系法获得成功。

1996年，农业部正式立项超级稻育种计划。4年后，第一期每亩700公斤目标实现。随后便是2004年800公斤、2011年900公斤、2014年1000公斤的"三连跳"。

另外，袁隆平著于1985年的《杂交水稻简明教程》，经联合国粮农组织出版后，发行到40多个国家，成为全世界杂交水稻研究和生产的指导用书。

因为"为保障世界粮食安全和解除贫困展示了广阔前景"，并"致力于将杂交水稻技术传授并应用到包括美国在内的世界几十个国家"，2004年，袁隆平获得了世界粮食奖。

"发展杂交水稻，造福世界人民，是我毕生的追求和梦想。"袁隆平说。

90岁生日愿望成功实现

2019年9月29日上午10时，袁隆平获颁"共和国勋章"。当天袁隆平说："我们正在向1200公斤亩产冲刺！"是什么让这位身披无数荣誉的老人在近90岁高龄依然努力奋斗？正是梦想的力量。

袁隆平院士曾说自己有两个梦想：一个是禾下乘凉梦，一个是杂交稻覆盖全球梦。"全球有一亿六千万公顷稻田，如果有一半八千万公顷（种杂交水稻），那现在的情况，每公顷增产两吨，可以多养活 5 亿人口。"

2020 年 11 月 2 日，第三代双季杂交稻亩产 3000 斤攻关测产在湖南衡南县启动。测产结果显示，晚稻平均亩产为 911.7 公斤。2020 年 7 月，衡南基地早稻高产攻关田进行了测产验收，测得早稻平均亩产为 619.06 公斤。第三代双季杂交稻亩产达到 1530.76 公斤，湖南衡南基地冲击双季稻亩产纪录成功！袁老 90 岁生日愿望，也在这一刻实现。

《潇湘晨报》　2021 年 5 月 23 日

精神永恒

YUAN LONGPING

送别袁隆平：
禾下乘凉梦，一梦逐一生

袁汝婷　刘良恒　周　勉

5月22日，一位91岁的老人走了。

湖南长沙，中南大学湘雅医院门诊楼前，三捧青翠的稻束静静矗立。不知是谁，采下老人毕生为之奋斗的梦，向他祭献。

灵车过处，人们夹道相送；

汽笛声声，祝他一路走好。

一颗稻种，填得满天下粮仓。

千言万语，道不尽一生故事。

他以祖国和人民的需要为己任，以奉献祖国和人民为目标，一辈子躬耕田野，脚踏实地把科技论文写在祖国大地上。

老百姓把袁隆平刻进自己心里。

君似雁随阳，为民谋稻粱

袁隆平逝世后，人们悼念的文辞中有这样一个热词——国士。何为国士？谓其"才德盖一国"，抑或"一国勇力之士"？用在

2019年9月29日晚，获颁授"共和国勋章"的袁隆平院士回到长沙，受到社会各界人士的热烈欢迎　徐行 摄

袁老身上恐怕都不能概其全貌。因为，他还有对人民、家国、民族的责任和爱。

2019年9月17日，国家主席习近平签署主席令，授予袁隆平"共和国勋章"。当天，他还在试验田里查看杂交水稻生长情况。行动不便后，湖南省农科院在他的住宅旁辟出一块试验田，他在家里就能看见水稻。

当双脚无法再踏入稻田中，他的心，仍时刻扎在广袤田野里。

是什么让他对稻田如此眷恋？

"一条大河波浪宽，风吹稻花香两岸……"1956年上映的电影《上甘岭》中，年轻的志愿军战士在异国他乡的坑道里唱起《我的祖国》。稻浪飘香，承载着人们对家乡的思念，对温暖的念想，对和平的向往。

那一年，26岁的袁隆平开始了农学试验。不久后，他的研究从红薯育种转向水稻育种。这一转身，改变了他的一生，也影响着中国乃至世界的生存境遇。

一部中华民族史，就是一部同饥饿斗争的历史。挨饿，曾是最深最痛的民族记忆。新中国成立前，少年袁隆平，因路遇饿殍，而立志学农。

"让所有人远离饥饿。"一个当时看来遥不可及的梦，让袁隆平开始了长达半个多世纪的追逐。

"作为新中国培育出来的第一代学农大学生，我下定决心要解决粮食增产问题，不让老百姓挨饿。"1953年，从西南农学院遗传育种专业毕业后，袁隆平立下誓言。蓬勃向上的新中国给袁隆平提供了践行农业报国誓言的广阔舞台，日益强盛的祖国就是他躬耕科研的沃土。1984年，湖南杂交水稻研究中心成立。"国家下拨的第一笔经费就高达500万元。"袁隆平回忆，中心因此迅速建起了温室和气候室，配置了200多台仪器。

回望袁老一生，宏愿并非一时头脑发热，而是一代中国知识分子对家国命运的情怀和担当。

这是一条艰辛求索的路。质疑、失败、挫折，如家常便饭；误解、反对、诋毁，曾如影随形。

他默不作声，背上腊肉，转乘几日火车，去云南、海南、广东，重复一场又一场试验。

为稻种追寻温度与阳光，就像候鸟追着太阳！

粮稳，则天下安。水稻种植是应用科学。对科学家袁隆平而言，国家和人民的需求至高无上——技术手段不断更迭，但所有工作的出发点始终是丰收。

近年，杂交水稻年种植面积超过 2.4 亿亩，年增产水稻约 250 万吨。中国以无可辩驳的事实向世界证明，我们完全可以靠自己养活 14 亿人民。

"国士在，且厚，不可当也。"

"我是洞庭湖的麻雀，更要做太平洋的海鸥。"

5 月 22 日下午，灵车缓缓驶出医院。长沙宽阔的主干道上，许多车停下来鸣笛致意，人们拥上街头，齐声呼喊："袁老，一路走好！"

此时此刻，联合国粮农组织总干事屈冬玉在网络上写下："一生修道杂交稻，万家食粮中国粮。我敬爱的大师千古！"

反饥饿，不仅是中国人的斗争，也是全世界人民的斗争。世界粮食计划署最新发布的《2021 年全球粮食危机报告》显示，2020 年在 55 个国家 / 地区内至少有 1.55 亿人陷入"危机"或更为严重的突发粮食不安全状况。

面对全球粮食危机，我们无法置身事外，不能无动于衷。

海外人士说，这位老人研究的，是根除饥饿的"东方魔稻"。

如今，"东方魔稻"在全球 40 余个国家和地区种植面积超过 800 万公顷。

2010 年，时任世界粮食计划署执行总干事乔塞特·希兰写道：人们问我为什么如此有信心可以在我们这一代消除饥饿，中国就是我的回答。

2017年2月，《自然·植物》杂志发文认为，中国的水稻生物学、遗传学和群体基因组学研究引领世界水稻乃至作物科学研究。

一位科研工作者，为何有超越国界的魅力、领先世界的技艺？

当你看见非洲岛国马达加斯加的新版货币——图案是杂交水稻，你会更加理解，它让这个曾有200万人面临饥荒的国家，结束了进口大米的历史。

杂交水稻，成为解决全球粮食短缺问题的"中国方案"。让全世界人民吃饱饭，是中国农业科学家对科学精神的诠释、对人类命运共同体的注解。

发展杂交水稻，造福世界人民——这是袁隆平毕生的夙愿。

他说："我是洞庭湖的麻雀，更要做太平洋的海鸥。"

他，做到了！

真如少年

5月23日上午，长沙明阳山殡仪馆。细雨霏霏，祭奠者排起长队。

人潮中，有许多手持鲜花、从四面八方赶来的学子。他们面庞青涩，神情肃穆，安静有序地跟着队伍一步步前移，然后，深深鞠躬。

一天前，当灵车驶过长沙街头，许多青年齐声呼喊："袁爷爷，一路走好，一路走好！"

同一时间，无数人在网络上默契地传递同一句话："袁爷爷，我一定好好吃饭。"

一群年轻人，以纯真的承诺，告慰一位老人至诚的梦想。

袁隆平生前，每一次在青年人中公开亮相，都堪比"大型追星现场"。尖叫、鲜花、掌声……在"95后""00后"眼中，他是当之无愧的国民偶像、顶流明星。

"我与他好像有一面之缘，在课本上，在饭桌上，在人间里。""明明素未谋面，我却泪流满面，像失去了爷爷一样"……一位91岁的老人，为何成为中国青年热爱如斯的"网红"？

没有比"手中有粮心中不慌"更踏实的安全感，这是最简单的道理，最直白的表达。

没有比"喜看稻菽千重浪"更持久的喜悦感，这是最生机勃勃的画面，最扣人心弦的憧憬。

那些身处大千世界、见识五彩斑斓的年轻人，总是被袁隆平人格中最朴素的力量击中——那就是"真"，真如少年。

他倔强，在千百次的失败中依然坚信，世界上必然有一粒种子，可以战胜饥饿。

他坦诚，功成名就后，面对测产失败全无包袱，"跌跤就跌跤，再爬起来就是了"。

他幽默，步入鲐背之年，总是自称"90后"，笑言要和青年研究者比比脑瓜子。

他活跃，过了80岁，还能在气排球比赛中打满全场，而且担任主攻手。

他浪漫，工作至深夜，会心血来潮拉着夫人的手奔到河边，跃入水里畅游。

……　……

"你们正值如花的年龄，也正是充满梦想的时候。但是停留于做梦是不够的，我希望你们要树立理想并努力为实现理想而奋斗。"袁隆平这句对大学新生的寄语，敲响了无数中国青年的心房。

袁隆平走了，袁隆平星依然闪耀……

时针拨回5月22日上午，在袁隆平弥留之际，亲友围在他床边，唱起他最喜欢的歌。

他走得安详，嘴角带着笑。有人说，袁老那么思念母亲，终于回到了母亲的怀抱。

还有人说，他一定是进入了梦乡。梦里的稻谷稻秆比高粱还高，穗粒比花生还大，风轻轻吹过，袁老戴着草帽，就坐在稻穗下乘凉。

禾下乘凉梦，一梦逐一生。这是袁隆平的梦，也是后来者的梦。

他没有留下最后的话语。可他想说的，人们却能看见——

从云贵高原到华北平原，从洞庭湖区到江南水乡，无数农民还在等待第三代杂交水稻从试验田走向生产田；在新疆、山东、黑龙江等地，已有超过10万亩海水稻试验田丰产，许多角落还在等待"再造亿亩良田"的理想步步实现……

未竟的事业，科学的价值，正待我们去坚守、拼搏、开掘。

"书本上种不出水稻，电脑上面也种不出水稻，你只有在实验田里面才能够长出我所希望的水稻。"这是袁隆平送给年轻科研工作者的成长秘诀——唯有实践，方不辜负真理。

即使身处重病之中，袁隆平最牵挂的还是科研。

入院之初，他每天都问医务人员："天晴还是下雨？""今天多少度？"有一次，护士回答28℃，袁隆平急了："这对第三代杂交稻成熟有影响！"

他病重时念念不忘的，是叮嘱学生们要把杂交水稻事业发展好。

这是一位科学家的本色——爱国为民、刻苦钻研、全心奉献。直到生命最后一刻，袁隆平仍在奋力燃烧自己，烛照后学。

生命有尽头，科学无止境。

一代科学巨擘陨落，留下丰富的精神遗产，激励一代代科研工作者以梦为马，不负韶华！

你听！

传承的决心，如稻穗饱满——

"我追的星陨落了，会有更多的星亮起……"

青春的誓言，如稻苗蓬勃——

"请放心，您这位'90后'没有完成的，还有其他'90后'顶上！"

袁隆平走了，袁隆平星依然闪耀……

新华社　2021年5月24日

袁爷爷留下的这粒种子，我们如何传承

于文静 张泉 白田田 许舜达 陈凯姿

"人就像一粒种子，要做一粒好的种子，身体、精神、情感都要健康。种子健康了，事业才能根深叶茂，枝粗果硕。"

致力于杂交水稻研究的袁隆平院士，用一生诠释着这句话。

有人说，从此春种秋收均与怀念有关。袁院士的逝世，让人们缅怀与痛惜。他留给世间弥足珍贵的财富，让人们从中汲取勇气和力量。

重温袁隆平院士一生的不朽成就，激励我们接力前行。

一粒种子可以改变一个世界。作为世界上第一个成功利用水稻杂种优势的科学家，他始终为端稳中国人的饭碗和保障世界粮食安全不懈奋斗。

自 1976 年杂交水稻大面积推广应用以来，我国水稻亩产大幅度提升，为确保国家粮食安全提供了有力支撑。杂交水稻还在亚洲、美洲、非洲的众多国家和地区大面积种植，为消除世界饥

1999年8月5日，袁隆平院士骑小摩托来到试验田察看超级杂交水稻生长情况　陈金华 摄

饿与贫困作出了突出贡献。

据农业农村部科技教育司负责人介绍，目前我国杂交稻研究和应用处于国际领先水平。杂交稻主要在中国，年应用面积为2.2亿至2.5亿亩。经过广大农业工作者的努力，创制了一大批育种材料，育成了一大批产量高、品质好、抗性强的新品种。

"'两弹一星'、杂交水稻，这是我们的大国基石，正是袁隆平这样的前辈们付出的努力，使我们终于可以平视这个世界。"中国科学院院士、中国农科院作物科学研究所所长钱前说。

"袁老师经常鼓励我们创新，贵在创新是他的精神。"钱前表示，下一步要运用新技术简化杂交稻制种过程，丰富种质多样性面对水稻产业新需求，利用超级稻分子设计模型加快育种进程，把这项事业发展好。

种子，蕴含着生生不息的力量。这种力量，正在无数后来者和奋斗者之中传承。

目前，我国杂交稻研究技术路线成熟，从事研究的科研人员数量众多，仅国家水稻产业技术体系里的科学家就有100多位。

原中国水稻研究所副所长黄发松研究员表示，国家越来越重视水稻科研，全国各地水稻研究院所蓬勃发展。"年轻一代科研工作者成长很快，他们中很多都是袁先生的学生，已经成为杂交稻育种攻关和科研的中坚力量。"

"书本知识很重要，电脑技术也很重要，但书本上种不出水稻，电脑上面也种不出水稻，只有在试验田里面才能长出我所希望的水稻。"袁隆平曾这样鼓励同学们。

他在给西南大学农学与生物科技学院的同学们的回信中，分享了自己成功的秘诀——知识、汗水、灵感、机遇。

国家杂交水稻工程技术研究中心栽培生理生态室主任李建武是一名"85后"科研工作者。为了落实袁院士半年前布置的任务，他和同事们计划在湖南省内外的10多个地点开展双季亩产3000斤攻关。"干农业虽然很苦很累，但袁院士一生的执着与坚守，会激励更多年轻人投身杂交水稻事业，进一步将其发扬光大。"

"有人说我是洞庭湖的老麻雀，但我更愿意做太平洋上的海鸥，让杂交水稻技术越过重洋。"在讲述自己的杂交水稻梦时，袁隆平院士的话语让人难忘。

为了造福更多人，一粒种子的事业正在加速推进。

杂交稻今后如何发展？农业农村部科技教育司负责人表示，一方面要继续追求高产，通过现代育种技术，挖掘高光效育种材料，不断释放品种潜力；另一方面注重品质改善，更加注重稻米适口性，满足人们新需求。

下一步，我国将加强水稻（包括杂交稻）科技创新平台建设，继续大力支持水稻育种研发，通过突破现代生物技术，融合人工智能、大数据等现代信息技术，与常规育种技术结合，驱动现代育种技术快速升级迭代，持续培育突破性优质高产多抗水稻新品种，打通创新链和产业链。

"看准目标，怀揣理想，坚持不懈，袁先生永远是我们学习的榜样。"中国工程院副院长邓秀新院士说，我们要秉承他心系人民，在科研道路上永不放弃、不断追求的精神，努力工作，为国家粮食安全、人民幸福生活作出更大贡献。

"袁爷爷，我会好好吃饭"……社交媒体上，很多网友如此留言。

粒粒皆辛苦，珍惜每一粒粮食，或许正是每一个普通人，向立志让人们"永远都不用再饿肚子"的袁爷爷表达的最真挚的敬意。

新华社　2021年5月23日

"守护粮食安全,是对他最好的纪念"

李慧 张胜 龙军

5月22日,小满刚过,东北黑土地上插秧接近尾声,南方早稻已进入拔节孕穗期,为"中国粮食"而毕生忙碌的袁隆平院士,却永远离开了我们。

袁隆平,我国杂交水稻事业的开创者和领导者、裤脚上永远沾着泥土的科学家。他为之奋斗的事业,是"喜看稻菽千重浪",是"稻花香里说丰年",是"让所有人远离饥饿"。

"我一直有两个梦,一个是禾下乘凉梦,一个是杂交水稻覆盖全球梦。"这是袁隆平的梦也是无数后继者的梦。

袁隆平走了,却将为国为民、创新奋斗的"种子"留给后人珍藏,也把大国粮食安全的重要性,深深刻写在人们心间。

怎样让中国人端牢饭碗?把粮食安全作为心头大事

"愿天下人都有饱饭吃。"这块由袁隆平题写的纪念牌,静静立在他工作生活了37年的湖南怀化安江农校。为了这个朴素而伟大的梦想,袁隆平一生耕耘、从未停歇。

从颠覆世界认知的三系杂交稻，到超高产两系杂交稻；从盐碱地水稻高产新纪录，到第三代杂交水稻早晚双季稻亩产新纪录，袁隆平带领团队攻克了育种技术的诸多"卡脖子"难题。

"袁院士用一生践行着农业科学家的责任、使命和担当。在他身上，青春从不以时间来度量，而是以他为祖国、为人民、为民族、为人类事业永不止步的奋斗和奉献来标记。"袁隆平母校、西南大学农学与生物科技学院党委书记阳义健说。

"袁隆平院士一生的努力，就是为了将粮食安全的主动权掌握在中国人自己手里。'一粒粮食能够救一个国家，也可以绊倒一个国家'，这是他对粮食安全重要性最生动的阐释。"贵州省六盘水市钟山区大湾镇海嘎村党支部第一书记杨波认为。

中国科学院预测科学研究中心副主任杨翠红介绍，近年来，我国粮食生产实现"十七连丰"，目前稻谷和小麦产需平衡有余，谷物总体自给率超过95%。然而，农业资源短缺、机械化程度不足、生产成本偏高、农业劳动力老龄化等挑战仍存在。

"总体看来，我国粮食供给保障有力，但粮食安全基础仍不牢固。未来中长期内，我国粮食消费将呈刚性增长模式，供需缺口仍然存在，供求结构性矛盾将进一步凸显。粮食安全这根弦必须始终紧绷。"天津市中国特色社会主义理论体系研究中心市委党校基地研究员张亚勇认为。

"我们要以袁老为榜样，从培育好种子做起，开展种源技术攻关，立志打赢种业翻身仗。"湖南农业大学农学院院长唐文帮说，"守护粮食安全，是对他最好的纪念。"

"袁隆平院士心里装着农民，也被农民装在心里。我们会永远铭记他，不断改进种植技术，提高粮食生产的规模化、专业化、集中化程度。不仅要把饭碗端在自己手里，还要让饭碗里的饭更丰盛、更健康、更有营养。"江西省吉安市吉州区兴桥镇丁塘村种粮大户刘凯说。

怎样做一名科技工作者？
"脚踏实地把科技论文写在祖国大地上"

视杂交水稻如生命，是袁隆平一生的追求。"还记得2003年在湖南杂交水稻研究中心南繁基地做论文试验时，每天都能在试验基地见到袁老师。"湖南农业大学农学院教授邓化冰说，袁老经常教育他们，电脑上是种不出水稻的，鼓励大家"把论文写在祖国大地上"。

只要身体允许，晚年的袁隆平仍几乎每天都去试验田，观察杂交水稻长势。"我不在家，就在试验田，不在试验田，就在去试验田的路上。"这是他常说的一句话，幽默又透出一股认真劲儿。

86岁高龄的玉米育种专家、河南省鹤壁市农科院名誉院长程相文说："我与袁隆平院士相识多年，他是引领同道志士前行的精神航标。他的精神品格激励着我，在有生之年选育出更好的玉米品种，为国家粮食安全尽绵薄之力。"

"袁院士身上闪耀着真正的科学家精神，这是留给国家和人民的宝贵财富。"北京师范大学中国扶贫研究院院长张琦认为。

"在获得'共和国勋章'的当天，袁老仍回到水稻基地查看水稻长势；弥留之际，他还在关心稻谷。几十年如一日地挽起裤腿就下田，这位朴实无华的'水稻守望者'，才是我们最该追的

'星'。"华中农业大学公共管理学院2019级学生李凡深情地说。

"对袁老最好的纪念,就是以行动追随他。我们要以更大的热情、决心和勇气,投入农业科技创新这一重大战略任务中来,为我国和世界农业作出更大贡献。"中国农业大学国家玉米改良中心主任赖锦盛说。

"农大师生将化悲痛为力量,为确保粮食安全、实现乡村振兴不懈奋斗,成为像袁老那样深爱土地的科技工作者。"湖南农业大学党委书记陈弘表示。

怎样于细微处捍卫粮食安全? 节粮爱粮,牢记"丰收不是浪费的理由"

"每一颗粮食都来之不易,从播种到收获,每一粒粮食可以说吸天地日月之精华,附农民辛勤操劳之汗水。"

"谁知盘中餐,粒粒皆辛苦。政府要加大节约粮食宣传力度,依法依规惩治浪费粮食行为。"

"丰收不是浪费的理由,必须时刻绷紧粮食安全这根弦。"

…… ……

袁隆平深知农业科研突破背后的艰辛,多次为杜绝粮食浪费发出呼吁。

"节约就是最好的致敬""我们会好好吃饭,节约每一粒粮食"……袁隆平逝世后,不少网友发出爱惜粮食的呼吁以寄托哀思。

回首历史,在袁隆平等一大批农业科技工作者的不懈努力下,我国成功克服了"人口几何级增长"与"粮食算术级增长"

相冲突的马尔萨斯陷阱，让世界各国人口中人数最多的中国人远离饥饿，开始从"吃得饱"向"吃得好"转变。

"无论是国家提倡的'光盘行动'，还是民众自发组织的'饥饿体验'，只有把爱惜粮食、节约粮食变为每个中国人内化于心的自觉、外化于行的行动，我们才能牢牢把住粮食安全主动权。"吉首大学党委组织部常务副部长李洪雄表示。

"当我望着面前的白米饭，又想起了那个在开满稻花的田野间弯腰看稻的九旬老人。袁爷爷，今天我把盘中的米饭都吃完了。我们会做一粒好种子，在新时代出力出彩。"西南民族大学国旗班副班长、西南民族大学法学院2018级学生倪肖说。

"谨记袁老嘱托，不断突破育种技术难关，提高粮食生产水平；全社会厉行节约，杜绝粮食浪费。这是维护粮食安全的重要手段，也是对袁老最好的纪念。"辽宁大学经济学院教授张广辉呼吁，保障粮食安全，既要在生产端扩大粮食产量，也要在消费端减少餐饮浪费，坚持教育、宣传、法治多措并举，政府、社会、公众一起行动，让节粮爱粮成为一种习惯。

《光明日报》　2021年5月26日

这种力量，生生不息
——送别袁隆平先生

2021 年 5 月 24 日，注定是值得铭记的日子。

"杂交水稻之父"、"共和国勋章"获得者、中国工程院院士袁隆平的遗体送别仪式，在湖南长沙明阳山殡仪馆举行。"我盼行至您的梦里，良田万里，禾下乘凉""知道他走了，一定要来送送他。我们种田的，对他有感情"……各地群众手持鲜花赶来吊唁，其中不乏一张张年轻的面孔。他们脸上有泪，眼中有光。

人世间，"吃饭的事情最大"，袁隆平把自己的一生都奉献给了这件最大的事情。对中国人来说，"袁隆平"三个字，是嵌入百姓粥饭、天下粮仓的重要符号；对全球而言，他的"东方魔稻"营造了一个粮食更为富足、粮食安全具有保障的更加稳定的世界。

虽然今后无法再看到这位一生为民谋稻粱的耕耘者，但他播在每个人心头的种子，化作千千万万个"他"，蕴含了生生不息的力量。

这种力量，有着爱国为民的情怀。"粮食是国计民生的头等大事，我是学农的，我应该在这方面尽我的努力！"在他心中，国家和人民的需求至高无上。

这种力量，有着信念坚定的分量。毕其一生，专注田畴，播撒智慧，收获富足，在千百次的失败中他依然坚信，世界上必然有一粒种子，可以战胜饥饿。

这种力量，有着矢志不渝的勇毅。"书本上种不出水稻，电脑上面也种不出水稻，你只有在实验田里面才能够长出我所希望的水稻。"他更因此立下收徒"门规"——"你不下田我就不带"。这种力量，有着勇于创新的担当。充分尊重科学规律，敢于提出设想、勇于探索。从选种、试验、失败，到再选种、再播种、再观察……依据事实、发现真理、验证真理，伴随他的一生。

2021年10月17日，工作人员驾驶着收割机收割杂交水稻。袁隆平团队第三代杂交水稻双季稻亩产已超1600公斤，为南方稻区双季取得的最高亩产　杨华峰 摄

这种力量，有着朴实无华的品质。他留给人们的印象，总与水稻有关，是一位直到入院前还心心念念要下田看看、绝不愿躺在功劳簿上睡大觉的中国"老农"。

……　……

先生之风，山高水长；斯人已逝，风范永存。他留下的"种子"，将在无数后来者和奋斗者的代代传承中生根发芽，开花结果。

今天的中国，一项项代表着科技前沿的成果凝聚着全球关注的目光，同时，在尖端科技领域也有不少"卡脖子"问题，还有一些体制机制障碍阻隔着产学研的深度融合。面对成绩与不足，以自立自强的精神在科技领域不断攻坚克难、闯关夺隘，广大科技工作者需要的正是这种力量，把论文写在祖国的大地上，把科技成果应用在实现现代化的伟大事业中，一切工作都要往实里做，在追求真理的道路上躬行实践、厚积薄发，用"脚踏实地"的作风成就"顶天立地"的成果。

仰望星空，宇宙中有一颗编号为8117的"袁隆平星"光芒闪耀。未竟的事业，科学的价值，我们定会坚守，定去拼搏，定将开拓出更加广阔的天地。

《经济日报》　2021年5月25日

送别袁老的队伍里，有青年最好的样子

杨兴东

"当稻花抽芽，稻米成熟时，我们仍然会想起你。"袁隆平院士走后，社会各界人士纷纷表示悼念。让人印象深刻的是，自发前去送别的人流中，年轻的面孔占了相当大比例。"我们好像有一面之缘，在课本里，在饭桌上，在人间里。""我们定当努力，不负韶华，做一颗向上的小种子！"年轻人在纸上、在网上写下心中的话语，以此表达对袁老的哀思与不舍。

送别袁老的队伍里，有青年最好的样子。一位年轻网友跟帖道："别哭了，上吧。我们不能一辈子躲在老一辈的后面仰望他们的背影。"一名"95后"坐了17个小时火车赶来长沙，他说，"袁老生前我没见过他，一定要来见他最后一面"。梁启超说过，年轻人"如朝阳，如乳虎，如铁路，如白兰地酒，如春前之草，如长江之初发源"。当一个民族尤其是年轻人，开始追捧为这个国家作出巨大贡献的人，那这个民族就一定会薪火相传、充满希望。同样可以说，青年人为袁隆平奔涌的热泪，蕴含着中国未来升腾的力量。

"喜看稻菽千重浪。"真心为国家、为民族付出的人，人民记得，青年记得。在袁隆平生前，每一次他在年轻人中公开亮相，都堪比"大型追星现场"。2019年，袁隆平在湖南农业大学参加新学年开学典礼，现场年轻人把心中的偶像围得水泄不通；一条关于他"差点当空军"的采访，社交网站话题阅读1.3亿次；他90岁生日前去理发，网友们排着队祝他生日快乐，调侃"吃了他家的大米"……青年最富有朝气、最富有梦想。生活在物质丰富的时代，"90后""00后"们，追袁老这样的星，所传承的正是为祖国、为人民奋斗的奉献精神。

以什么样的人为榜样，这是青年人要面对的成长话题。一段时间来，社会公众尤其是青少年心目中的崇拜偶像发生了非常令人担忧的偏移。为我们撑起发展脊梁的科学家、实业家，往往不被人关注，娱乐明星、网红主播却轻易成为顶流常客。让人欣慰的是，这种风气已引起社会高度关注并开始纠偏。前些时候，有剧组去南京大学拍摄，当地青年学生并没有出现人们想象的那种追捧，反而以平常的心态对待。在悼念袁老的几天时间里，有关袁老的话题始终占据着热搜榜的"半壁江山"，大家都自发地从各个角度怀念这位让我们免受饥饿威胁的科学巨匠。

袁隆平生前说过："希望他们为国家、为社会多作贡献。我们中华民族的伟大复兴，就要靠这些年轻人。"很欣慰，在各行各业，很多青年正在接过袁老这一辈人的奋斗火炬。互联网上热传的所谓躺平，不过是少数人的一种自我调侃。更多青年正伴随着时代的节拍，迈开有朝气、有梦想的步伐，稳步前行。

湖南日报　2021年5月26日

胡湘平：一粒伟大的种子

"人就像种子，要做一粒好种子。"这是袁老广为流传的一句名言。

这两天，无数中国人以不同的方式缅怀、纪念袁老，以最真挚、最深沉的情感祝袁老一路走好。为什么一位科学家会得到如此广泛的尊重和爱戴，那是因为他是一粒伟大的种子，一粒在国家、社会、人民心中留下丰足、美德、奉献的种子。

这粒种子，改变了中国与世界。有网友这样留言："一日三餐，米香弥漫，饱食者当常忆袁爷爷。"因为有了袁老的科研成果，国之仓廪才一天天更加丰实，中国人才能把饭碗端得更加牢固。

这粒种子，向阳而生、顽强生长，信念坚定、矢志不渝。为了粮食安全、为了杂交水稻，为了实现"禾下乘凉梦"和"杂交水稻覆盖全球梦"，他80多岁仍每天打赤脚、戴草帽，在他最爱的稻田里检查每一株禾苗。

这粒种子，伟大而又平凡，有着旺盛的生命力。人们说他不像科学家，更像一位地道的中国老农民。他热爱生活，会游泳、拉小提琴，跳踢踏舞，说流利的英文，是年轻人口中的"魔稻祖师"。他就是我们身边一位朴实无华的长者，亲切、可爱而又睿智。

袁老走了，但种子已经种下，种在中国960万平方公里的泥土中，在每一位中国人的心里生根、发芽。这粒种子所留下的基因，优质、纯粹、丰满，将永远地惠及亿万人民、惠及全世界。

湖南卫视《湖南新闻联播》　2021年5月23日

牢记嘱托　接续奋斗

——学习袁隆平院士崇高风范把科技论文写在祖国大地上

习近平总书记要求广大党员、干部和科技工作者向袁隆平同志学习。大家表示要按照总书记的要求，学习和弘扬袁隆平院士高贵品质和崇高风范，脚踏实地干好本职工作，为实现中华民族伟大复兴的中国梦接续奋斗。

习近平总书记高度肯定袁隆平同志为我国粮食安全、农业科技创新、世界粮食发展作出的重大贡献。大家表示，要学习袁隆平院士一辈子躬耕田野的崇高风范，脚踏实地把科技论文写在祖国大地上。

中国工程院院士、湖南农业大学校长邹学校：要响应总书记的号召，向袁隆平院士学习，不断奉献，勇攀科技高峰，为我国农业科技的发展作出自己的贡献。

中国工程院院士、湖南农业大学学术委员会主任刘仲华：我们要学习袁隆平院士持之以恒、坚持不懈、勇于创新的科学精神；学习他扎根田间地头、把论文写在大地上的求真务实精神。

湖南省政协原副主席、国际电气与电子工程师协会终身院士蔡自兴：要继承他的遗志，接过他手里的接力棒，在各行各业的岗位上，为中华民族的伟大复兴作出自己应有的贡献。

追悼会后，袁隆平科研团队的成员们怀着沉痛的心情，继续投入科研工作中。大家表示，要学习袁隆平院士以奉献祖国和人民为目标，把杂交水稻事业进一步向前推进。

湖南杂交水稻研究中心栽培室主任李建武：他每次看到我，问我的第一件事就是"小李子，你们田里的水稻长得怎么样？"每次看到我说的第一句话都是杂交水稻，这些画面总是不时浮现在我的脑海。

湖南杂交水稻研究中心研究员赵炳然：需要我们去探索、钻研、突破，利用好这一粒种子，为世界人民谋幸福。

湖南杂交水稻研究中心袁隆平院士办主任、研究员辛业芸：我们希望能实现袁老师提出来的——禾下乘凉梦、杂交水稻覆盖全球梦，脚踏实地，开创一个杂交水稻的新纪元。

大家表示将切实按照习近平总书记的要求，勇敢担当起实现科技自立自强，建设世界科技强国的重任，为实现禾下乘凉梦、科技强国梦作出新的更大的贡献。

湖南杂交水稻研究中心主任齐绍武：以袁隆平同志为学习的榜样，把袁隆平精神学习好、贯彻好，把我们的本职工作做好，为国家粮食安全再添新功。

湖南省农业环境生态研究所所长纪雄辉：学习袁老的科学精神，突破科技瓶颈，把成果应用到农业生产中，把论文写在大地上。

湖南卫视《湖南新闻联播》　2021年5月24日

师恩永难忘　薪火必相传
——袁隆平院士学生眼中的恩师

周阳乐

袁老师是国内杂交水稻研究的先行者，开创了中国杂交水稻学科和产业；是杂交水稻发展战略的总设计师和技术指导，带领团队不断攻关，走向了科学的高峰。同时，他在人才培养方面，以巨大的人格魅力和渊博的知识感染着每个学生和周边的工作人员。

作为袁老师的弟子，我们要努力扛起袁老师的旗帜，抓住杂交水稻基础理论技术研究的前沿，同时做好产业化推广，努力保持袁老师开创的杂交水稻国际领先地位，把杂交水稻事业发扬光大。

——袁隆平院士博士生、湖南杂交水稻研究中心研究员、杂交水稻国家重点实验室主任　邓启云

袁老师具有伟人品质，他胸怀天下，为中国乃至全世界人民的健康幸福操着心，为了让人民吃饱、吃好，他不断追求产量，追求优质和环保。和袁老师在一起，任何时候都能感觉到正能量。

他以身作则，看着他做，你不做会有愧疚。袁老师心肠软，关心弱势人群，希望去帮着解决每一个实际问题。

——袁隆平院士博士生、湖南杂交水稻研究中心研究员 张玉烛

袁老师是我最敬佩的科学家和老师，他一生专注于杂交水稻研究，致力于解决我国乃至世界人民吃饭问题的情怀和对事业的百折不挠、勇于创新的精神是最值得我们学习的。

还记得2003年在湖南杂交水稻研究中心南繁基地做论文试验时，每天都能在试验基地见到袁老师，他不厌其烦地询问每位老师和学生的研究进展，一有新的突破，袁老师爽朗的笑声很远就能听到。看到我们试验中存在的问题，他也会很耐心地给予指导，很顾及年轻人的感受，不会让我们难堪，因此那段时间能在田间接受袁老师的实地指导是我们最期盼的事情。

——袁隆平院士博士后、湖南农业大学农学院教授 邓化冰

从1998年师从袁先生攻读博士学位，到90多天前的最后一别，其间先生的教诲、鼓励和支持，令我永远铭记于心。袁老师是千千万万农业科研工作者的杰出代表，为解决我国人民的吃饭问题，为中国的农业生产乃至世界的和平事业作出了巨大贡献。作为一名水稻科研工作者，要化悲痛为力量，继承和发扬袁先生那种百折不挠、献身农业的精神，做好自己的本职工作，为我国的粮食安全作出一份贡献。

——袁隆平院士博士生、湖南农业大学农学院教授 刘建丰

在学业方面，袁老师对学生要求严格。他对我的博士论文从选题、实验过程等各个环节都做了细致的指导，对每个数据，甚至每个标点符号、每个英文字母都要求严格。袁老师工作繁忙，但经常在夜晚来到办公室，有时候利用晚上时间和学生交流，看看大家的进展。

——*袁隆平院士博士生，湖南农业大学博士生导师、教授王建龙*

袁老师对工作的严谨态度，深深地感染了周围的人。只要田里有水稻，他都会坚持下田，不仅要求我们把每个实验数据详细报给他，还经常亲自下田调查核实清楚。在科研上对我们的要求很高，很严厉，但在生活上又特别关照我们，他逛超市时如果看到合适的衣服、鞋子，都会买回来送给我们。

——*湖南杂交水稻研究中心副研究员　李建武*

湖南日报·华声在线　2021年5月26日

奋斗，是最好的告慰

皮 波

不朽功勋，镌刻国家发展史册；华夏栋梁，照亮民族复兴征程。"共和国勋章"获得者、中国工程院院士、国家杂交水稻工程技术研究中心主任、湖南省政协原副主席袁隆平，因多器官功能衰竭，于 2021 年 5 月 22 日 13 时 07 分在长沙逝世，享年 91 岁。

袁隆平院士一生致力于杂交水稻的研究，让中国人把饭碗掌握在自己手上，为世界粮食安全带来福音。袁隆平院士曾获得首届国家最高科学技术奖、国家发明特等奖、世界粮食奖等 20 多项国际国内大奖，一颗行星以他的名字命名，两年前被授予"共和国勋章"。光环加持总是耀眼，而袁老却更加清楚自己心中的目标，他说："我毕生追求就是让所有人远离饥饿。"

马克思曾说，那些为共同目标劳动因而自己变得高尚的人，历史承认他们是伟大人物；那些为最大多数人们带来幸福的人，经验赞扬他们为最幸福的人。纵览当今世界，动荡、饥饿、贫困依然困扰着一些国家的人民，对于很多人来说，所谓的幸福，真的就是一碗亮晶晶、热腾腾的米饭。袁隆平院士研究的超级杂交水稻，不仅解决了中国人吃饭的问题，更是被推广到印度、孟加拉国、印度尼西亚、越南、美国、巴西等国家和地区，年种植面积达800万公顷，平均每公顷产量比当地优良品种高出2吨左右。不管是哪个国家的人民，都怀着过上幸福美好生活的梦想，构建人类命运共同体则是必由之路。"美美与共，天下大同"，一碗米饭里就有着情怀的"见于细微"。袁隆平院士始终相信"一粒粮食可以救一个国家"，而他，也用自己的实际行动，践行着我们这个国家"兼济天下"的朴素理念。

伟大出自平凡，平凡造就伟大。作为一个时代的丰碑，袁隆平院士并不是高高在上，而是脚踏实地。有心人会发现，袁隆平院士出现在媒体上的照片，绝大多数是在田间地头，而这也正是这位九旬老者的工作日常。就在今年1月，袁隆平海水稻团队还宣布，正式启动海水稻的产业化推广，拟用8至10年实现1亿亩盐碱地改造整治目标。没有因成就而自满，没有因年龄而退后，袁隆平院士笃信实干是最质朴的方法论。实践表明，任何伟大的事业，都始于梦想而成于实干。在进入高质量发展阶段，在"十四五"规划开局之年，我们更需要保持着袁隆平的这股子精气神，在属于自己的领域里，扬起信念风帆、树立模范标杆，以平凡之身干出一番不平凡的事业！

缅怀"稻田守望者"，奋斗是最好的告慰。历史是由奋斗者书写，辉煌也是由奋斗者创造的。以身许党、忠心报国、竭诚为民从来不是简单空洞的抽象概念，而在于脚踏实地的奋斗拼搏。袁老曾说自己有两个梦想：一是禾下乘凉梦，二是杂交稻覆盖全球梦，而他的一生都在践行一个道理——梦想不是虚无缥缈的，而是具体实在的，见之于一事一业中，体现在一步一履里。今天，在长沙街头，人们夹道送别"国之名士"，市民高喊"袁爷爷，一路走好"。缅怀是最深沉的情感，奋斗是最深情的告白。在接下来的征程道路之中，我们将携手同行、同舟共济，以奋斗的姿态去完成袁老未竟之事业，在希望的田野上，去收获属于这个国家和民族的累累硕果。

湖南日报·华声在线　2021年5月22日

我们粉过的袁院士,永远年轻

杨兴东

告别总在猝不及防时。总在杂交水稻领域不断攀登的"90后"袁隆平院士,在这个初夏与我们长久告别了。我们从此失去了睿智、开朗、风趣、幽默的袁爷爷,内心无比惋惜。

作为"杂交水稻之父",袁隆平用"一粒种子"帮助中国人告别了饥饿,回答了世界"谁来养活中国"的疑问。作为杰出的科学家,他是当代青年榜样。犹记得,2019年9月,他出席湖南农业大学秋季开学典礼,学生们欢呼尖叫,上演"大型追星现场"。"增粉"的,正是他身上那种"路漫漫其修远兮,吾将上下而求索"的科学家精神。

科学无国界,科学家有祖国。对袁隆平来说,科学家精神首先就是对国家、人民的热爱。1953年,袁隆平刚刚分配到湖南安江农校不久,就许下宏愿"愿天下人都有饱饭吃"。"侠之大者,为国为民。"袁隆平正是怀着一份为国为民的赤子之心,才取得了奉献自我、造福国家、民族、人民的成就。

科学家精神,是对自我的不断超越。习近平总书记指出,广大科技工作者要树立敢于创造的雄心壮志，敢于提出新理论、开辟新领域、探索新路径，在独创独有上下功夫。要多出高水平的原创成果，为不断丰富和发展科学体系作出贡献。"袁隆平院士正是这样的楷模。"我带研究生有一个要求：你下不下田？你不下田我就不带。""只有下田才最快乐。"89岁生日那天，院士来到田间地头去查看自己最心爱的水稻；被授予"共和国勋章"的那天，老人忙碌的身影出现在三亚的田间地头。

"山外青山楼外楼，自然探秘永无休，成功易使人陶醉，莫把百尺当尽头。"这是挂在袁隆平院士家中的一首自作诗。今天的中国，正越来越接近民族伟大复兴的目标，但越是登顶越需付出艰辛的努力。关键核心技术买不来、讨不来，但让人欣慰的是，更多的青年科研工作者正在朝着袁隆平的科学精神出发——登陆火星"天问一号"研发队伍平均年龄35岁！抚今追昔，1953年时的袁隆平，不正是如此：不计较一时的得与失，把追寻科学，作为毕生的追求。这一追，便追成了永恒。

巨匠已逝，风范永存。我们粉过的袁隆平，永远年轻。

湖南日报·华声在线　2021年5月22日

碗中有粮　心中有您

万丽君

5月22日,"共和国勋章"获得者、中国工程院院士、国家杂交水稻工程技术研究中心主任、湖南省政协原副主席袁隆平在长沙逝世。"这季的稻子还没有收,袁老您怎么舍得走哟!""我以后再也不会挑食、不剩饭了。""愿您乘愿再来,再创无量功德。"……这两天朋友圈里的留言,是无尽的悲恸、满满的不舍;在中南大学湘雅医院大门口,人们特地捧来一束束禾苗,对这位可亲可敬的老人表达诚挚的敬意。

一日三餐,米香弥漫,"饱食者当常忆袁公"。"吃饱饭""吃好饭",是中华民族几千年来孜孜以求的梦想。中国人的"粮食梦"在现代得以实现,袁老居功至伟。这位"90后"老人,将毕生心血献给杂交水稻,为了解决人类温饱问题鞠躬尽瘁,让生活在这片土地上的人们不再有"饿肚皮"的威胁。

外界对袁老最多的评价是:"一粒种子改变世界。"但鲜为人知的是,1964年为了找到这粒"改变世界的种子",他14天翻遍了湘西稻田里的14万多株稻穗,才找到1株雄性不育株。随后的两年时间里，也只找到 6 株。杂交水稻量质双升的背后，凝结着以袁老为代表的无数科研人员的辛勤汗水。可以说，对粮食的浪费，就是对农民和科研人员劳动成果的践踏。

"一粒粮食能够救一个国家，也可以绊倒一个国家。"这是袁隆平研究水稻的初心，也是对我们厉行节约、制止浪费的警醒。如今，我们早已解决了温饱问题，脱贫攻坚战取得了全面胜利，但是丰收绝不是浪费的理由。每一个受惠于袁老的人，都应谨记他"丰年不忘饥苦，富岁当思节约"的谆谆教诲。

千里稻花应秀色，天下从此无饥馁。袁老曾说："我毕生追求就是让所有人远离饥饿。"但是，粮食安全还远没有到高枕无忧的时候，人口高峰期还未到来，全球气候变化让农业生产面临更多的不确定性。学习袁老的品格，传承他的事业，继续追逐"禾下乘凉梦"和"杂交水稻覆盖全球梦"，这是科研道路的承继；铭记他的贡献，感念他的付出，保持对劳动者们的敬仰，守护来之不易的丰收粮仓，这是精神情怀的传扬。

"人就像种子，要做一粒好种子。"我们痛惜袁老的猝然离世，感佩他的卓越贡献和高尚品格，就要让这粒种子在心里生根发芽，使节约粮食成为每个人的自觉行动。敬畏每一粒粮食，尊重每一分付出，就是对袁老最好的缅怀和告慰。

湖南日报·华声在线　2021 年 5 月 24 日

在稻田永远守望那颗星

鲁 言

倾尽一城花，只为祭一人；举国俱伤悲，全为思一人。5月24日，送别袁隆平院士……

如同一粒种子，从起点又回到起点，最终回落到他最深爱的泥土。5月22日13时07分，"杂交水稻之父"、中国工程院院士、"共和国勋章"获得者袁隆平与世长辞。

"但愿苍生俱饱暖，不辞辛苦出山林。"他的一生，扎根在稻田之间，为民谋稻粱，鞠躬尽瘁，呕心沥血，终至攻克曾经绊倒半个地球的难题，让上亿人口摆脱饥饿。直到生命最后一刻，他仍在奋力燃烧自己，烛照后辈。他的足迹，遍及大江南北，踏至苦寒贫瘠，浓缩了千百年来为民族摆脱饥饿而筚路蓝缕、拼命求索的脚印，到如今，杂交水稻双季亩产已突破1500公斤大关，中国人牢牢端稳中国碗，中国碗里装满中国粮。

他饱暖的何止是中国人的肚腹，更以精神喂养了国人的灵魂。

国士无双，侠之大者。这位稻田里最忠实的守望者，用一生的时间兑现着自己曾说过的"把饭碗掌握在中国人自己手上"的

2017年8月5日,桂林,87岁的袁隆平院士来到桂林市灌阳县黄关镇联德村的超级稻攻关示范基地查看水稻生产情况

承诺。20世纪60年代,他在学校的试验田中偶然发现了一株"鹤立鸡群"的特殊稻株,与杂交水稻的渊源就此开始,到现在全国杂交水稻年种植面积超过2.4亿亩,年增产水稻约250万吨,他消除了中国人千百年来存在于基因当中的对于饥饿的恐惧。为此他豪迈地宣布:"中国不会出现粮荒,完全能够自给自足。"

这位稻田里最忠实的守望者,以祖国和人民需要为己任,一辈子躬耕田野,把科技论文写在祖国大地上,写在人民的心中。从发明"三系法"籼型杂交水稻,到成功研究出"二系法"杂交水稻,再到创建超级杂交稻技术体系,一垄垄、一行行、一穗穗,他用汗水和心血浇灌出了中国的稻田史诗。杂交水稻,成为解决全球粮食短缺问题的"中国方案"。

他不仅让中国人吃饱了，还胸怀天下，在世界各地传授技术，让世界范围内成千万上亿的人吃上了饱饭。让全世界吃饱饭，是他作为一名中国科学家对科学精神的诠释，也是对人类命运共同体的注解。

在他的心里，国家利益重，科学事业重，名利却最轻。尽管一生荣誉无数，对待金钱的态度却是"够用就好"。他说："名利对我没什么用处，能下田就是最好的。"他手持巨额科研资金，自己却不讲吃不讲穿，最贵的衬衫也只是100多元，最便宜的皮带只有10块钱。他把自己的奖金捐献出来，奖励中青年科研工作者，把国家奖励给他的房子用来搞科研。他以始终不为索取、只求奉献的精神之光烛照伟大民族精神的天空，引领着无数后辈。

一缕米香，一阵稻浪，一亩禾田。有人说，"他在人间播种子，在天上洒甘霖""你种下的稻田梦，我们继续来实现"……袁隆平播下的希望的稻种，正在蓬勃生长，而青青的稻田之上，将是无数人在永远守望的那颗闪亮的——袁隆平星！

湖南日报·华声在线　2021年5月24日

梳耙耧犁，他把一生浸在稻田里

王小川

受中共中央总书记、国家主席、中央军委主席习近平委托，5月23日下午湖南省委书记许达哲专程看望了袁隆平同志的家属，转达习近平对袁隆平同志的深切悼念和对其家属的亲切问候。

习近平高度肯定袁隆平同志为我国粮食安全、农业科技创新、世界粮食发展作出的重大贡献，并要求广大党员、干部和科技工作者向袁隆平同志学习，强调我们对袁隆平同志的最好纪念，就是学习他热爱党、热爱祖国、热爱人民，信念坚定、矢志不渝、勇于创新、朴实无华的高贵品质，学习他以祖国和人民需要为己任，以奉献祖国和人民为目标，一辈子躬耕田野，脚踏实地把科技论文写在祖国大地上的崇高风范。

一粒种子，一生追梦。穷尽一生上下求索，他让中国人把饭碗牢牢地端在自己手里！梦里梦外鞠躬尽瘁，他让神州大地各处都飘散着丰收的喜悦！一生风雨兼程，一生不懈探索，背后是十几年如一日的赤日炎炎、挥汗如雨。然而，辛劳一生，未曾改变的是他坚定的脸庞，未曾动摇的是他如炬的眼光。为了让国人吃饱饭，袁隆平穷尽一生、坚守一生、奋斗一生。

如今，巨星陨落，精神不朽，梦想不灭。

上下求索，只为惠泽众生的"初心"。农业科学研究，没有任何经验可寻，注定是一条艰难曲折的道路。从为找到雄性不育的水稻植株，跑遍大半个中国；到曾因受到冲击，试验田被毁……种种困难，袁隆平从未选择放弃。不论是太阳暴晒，还是风雨交加，他始终脚踏泥土、埋头弯腰在田间劳作。即使耄耋之年，他仍该上班就上班、该下田就下田，把论文写在田野之上、把一生都贡献给稻田，孜孜不倦、初心不改、奋斗不息。数十年如一日向田野奔跑忙碌，让袁隆平不断向惠泽众生的"禾下梦"迈进，彻底解决了中国人"吃饱饭"的问题。袁隆平给我们树立了一面"生命不息、奋斗不止"的镜子，砥砺广大青年奋发有为、增强本领，把科学精神、执着精神融入血脉，在新时代中建功立业。

鞠躬尽瘁，只为水稻种植的"梦想"。"高产、再高产、更高产、超高产！"这是袁隆平一生所求，对于杂交水稻的产量，袁隆平的追求没有尽头。鞠躬尽瘁，死而后已，他一生的梦想是将杂交水稻种植覆盖全球，让更多的人吃饱饭。袁隆平院士长期致力于杂交水稻研究，创建了超级杂交稻技术体系，使我国杂交水稻研究始终居世界领先水平。他先后成功研发出"三系法"杂交水稻、"两系法"杂交水稻、超级杂交水稻等，同时还提出并实施"种三产四"丰产工程。实现水稻的推广种植和丰收后，袁隆平敢于自我突破，敢于技术创新，把杂交水稻种到了沙漠，种到了盐碱地，使中国的农业技术发生了翻天覆地的变化，受到世界的瞩目。他还多次赴印度、越南等国，传授杂交水稻技术，以帮助克服粮食短缺和饥饿问题，为世界粮食供给作出了卓越贡献。新时代的我们，要永远铭记袁隆平的不朽贡献，传承袁隆平勤勉敬业的操守，书写属于我们的灿烂明天。

大爱无言，只为信仰如光的"情怀"。袁隆平说过这样一句话："人的身上最值钱的，是装在脑子里的知识和一颗责任心。"一辈子只专注一件事——解决吃饭的问题，袁隆平用自己的坚持和心血，为做好这件事竭尽全力、付出所有。这份坚守与执着的背后，是他大爱无言的家国情怀、信仰如光的"中国梦"。中央电视台《感动中国》给袁隆平的颁奖词曾写道："他是一位真正的耕耘者。当他还是一个乡村教师的时候，已经具有颠覆世界权威的胆识；当他名满天下的时候，却仍然只是专注于田畴。淡泊名利，一介农夫，播撒智慧，收获富足。他毕生的梦想，就是让所有人远离饥饿。"几十年来，袁隆平从未停下逐梦的脚步，他的生命里，没有休息，没有退休，哪怕鲐背之年，他依然"管不住"那迈向稻田的腿，"收不住"那颗向着水稻的心。因为他在以自己的力量，为实现中华民族伟大复兴的中国梦倾力倾情。

梳耙耧犁，把一生浸在稻田里；宅心仁厚，把苍生装在心头上。您是稻田里的守望者，您是真正的国之脊梁。袁老，一路走好！

红网　2021年5月24日

致敬袁老①
把论文写在大地上，让精神永驻天地间

许洪鑫

2021年5月22日，这一天，山河震荡，日月失色，雨水淅沥，是巨星陨落的节奏，是大地悲歌的表情。

这一天，13时07分，噩耗传来："杂交水稻之父"、中国工程院院士、"共和国勋章"获得者袁隆平，因多器官功能衰竭，在湖南长沙逝世，享年91岁。

网络泪奔，朋友圈泪奔！

在长沙，十里长街送袁老："袁爷爷！一路走好！"从湘雅医院开始，一路痛别的肺腑之情，和着细雨，萦绕在大街小巷里，呼唤在每个人的内心里。

您是共和国的一粒种子，今天，您把自己也要种在大地里、泥土中！

"以后必当吃光碗里的饭。"

2009年9月13日，湖南省怀化市溆浦县横板桥乡兴隆村，袁隆平院士受到当地群众的热烈欢迎
郭立亮 摄

"一日三餐，米香弥漫，饱食者当常忆袁公。"

"过往三餐，几顿常思袁老？从兹百代，怎能忘却斯人！"

…… ……

每一句留言或短或长，或朴素或生动，但无一不是凝聚着人们对您最真诚的敬意，无一不是流淌着人们对您最深切的悼念。

我们无法抵抗浪潮，但会永远铭记灯塔；我们无法抵抗生老病死，但会永远铭记时代巨星。

音容宛在，功勋长存！

您说："大地是母亲，我们要尊重它；种子是生命，我们要呵护它。"回望您一生的科研奋斗，您就是一位大地之子！国之脊梁！民之福星！

我们不能忘记，面对严重饥荒，1961年年仅31岁、还是一名安江农校教师的您，立志要用农业科学技术击败饥饿威胁，开始从事水稻雄性不育试验；1964年，您又突破经典遗传学观点的束缚，开始研究杂交水稻，历经10年努力，终于在1973年成功选育了世界上第一个实用高产杂交水稻品种"南优2号"，为解决中国乃至全世界的温饱问题立下不朽功勋。

从此，中国人的饭碗牢牢端在自己手里。您说："我的童年是在抗日战争的烽火中度过的，我知道民族的屈辱和苦难。当我能用科学成就在世界舞台上为中国争得一席之地时，'杂交水稻之父'的称谓也好，各种名目的科学大奖也好，都不重要。我首先想到的是，我为中国人赢得了荣誉和尊严。"

从此，您的名字和您的杂交稻，还有您的梦想，走红世界，造福人类。

从中国实践中来，到中国实践中去，您把论文写在了大地上，写在为中国人民谋幸福的伟大事业里。正如您反复地叮嘱："书本里面长不出水稻，只有田里面才长得出水稻，一定要手眼结合、注重实践。"

扎根田野，心系人民，您说"只有下田最快乐""退休对我是不存在的"。病危之际，您还在关心稻子长势。这就是您，不到生命的最后一刻，就不放手造福人类的事业！

我们不能忘记您的两个最大梦想，一个是希望水稻比高粱还高，穗粒比花生还大，人们能坐在稻穗下乘凉；另一个是让杂交水稻覆盖全球，让数十亿世界人民也能吃饱饭。这是怎样的一种爱国赤诚，这是怎样一种人类命运共同体的胸襟与情怀。

一生披荆斩棘，您为我们诠释了何谓真正的"国士无双"；始终心系人民、情牵世界，您向我们演绎了何谓当之无愧的"人类之光"。

"从泥土里来，到白云中去。"这是您一生的生动写照。

高山仰止，景行行止。虽不能至，心向往之。您的风范长存，您的精神永驻。

致敬与传承，是我们最好的缅怀。

红网　2021年5月23日

致敬袁老②
此情可待成追忆，化作天上最亮星

王义正

生老病死是客观规律，但对于有些人，我们却始终希望能够出现奇迹。

就如同一些网友留言称，"从未如此期待过谣言，多么希望能够再辟谣一次"。

当载着袁老灵柩的车驶出湘雅医院时，医院门口早已铺满吊唁的鲜花，还有成捆的稻穗与麦穗。

袁老逝世的消息传开后，大批市民便自发涌向湘雅医院，有拄着拐杖的老者，有抱着孩子的母亲，有快递小哥，还有专程从深圳赶来的年轻人……人们高喊着"袁爷爷，一路走好！"从长沙芙蓉路到营盘路，车辆鸣笛送别。

即便根据袁隆平院士葬礼从简的生前遗愿，治丧办公室作出了特殊安排，设立了网上吊唁厅，但自发冒雨前往殡仪馆吊唁的人依然络绎不绝。

2021年5月24日，长沙，一位群众手捧一个写有"袁公，天堂好好运动，我们好好吃饭"字样的气排球来到湖南杂交水稻研究中心，吊唁袁隆平院士

就像臧克家诗中所说，"他活着为了多数人更好地活的人，群众把他抬举得很高，很高"。

斯人已逝，功勋永存。

巨星袁隆平

2020年秋天，衡南县云集镇试验示范基地的第三代杂交晚稻测产，年已九旬的袁老，再次向水稻高产潜力发起了冲锋。

周年亩产稻谷突破1500公斤，达到1530.76公斤！此时的袁老已经有些耳背，当听清楚了结果超出预期时，情不自禁鼓起掌来！

而在一天之后的新闻发布会上,他说:"我的脑瓜子还可以,还要从'90后'一直工作到'100零后'。"

1961年的一天,安江农校的一块试验田里,正在选种的袁隆平发现有一株稻"鹤立鸡群",穗子比普通稻穗要大许多。欣喜的袁隆平待其成熟后小心翼翼收下种子。那是他发现的一株天然杂交稻。水稻是雌雄同花,没有杂交优势,传统遗传学理论早有定论。可袁隆平相信自己的眼睛!

1964年和1965年这两年,他冒着炎炎酷暑检查了几十万株稻穗,终于找到了6株雄性不育株,也就是杂交水稻的母本。

1966年,袁隆平写下《水稻的雄性不孕性》,从此奠定了中国在世界杂交稻版图中的领先位置。

1981年,获得了国家首个国家发明特等奖。

2001年,获得首届国家最高科学技术奖。

2019年,被授予"共和国勋章"。

此外,袁老还相继获得联合国教科文组织"科学奖"等20余项国内国际大奖。

随着杂交稻的产量不断攀升,中国人的饭碗也越端越稳。但老人仍旧每天踱步在稻田边,冲刺更高的产量,希冀有更多的粮食。

有人说,他是当世神农,是"米菩萨",曾有人劝他"隐退",也有人认为他完全可以"躺在功劳簿"上了,但他却始终不愿离开他的试验田。

老人家倔强得很:"我这辈子最大的追求,就是所有人都能吃饱肚子,我还没痴呆,退休是不可能的。"

他还说:"搞科研如同跳高,跳过一个高度,又有一个新的高度在等。要是不跳,早晚落在后头。退一步说,即使跳不过,也可为后人积累经验。"

什么是巨星,像袁老这样将自己的一生奉献在解决人类饥饿问题,推进人类社会发展上的人才称得上真正的巨星。

惊闻袁隆平院士逝世后,钟南山院士团队写下了这样的悼文:"沉痛悼念袁隆平院士,国士无双。感念与袁隆平院士这样的伟大人物处于同一时空的每一分每一秒,这个世界的星空因你们而璀璨。"

星空因有您而璀璨。

1996年9月18日,中国科学院国家天文台兴隆观测站的施密特CCD小行星项目组发现了一颗小行星,后被命名为"袁隆平星"。

我们愿意相信,袁老一定是化作了那颗早已以他的名字命名的星辰,以另一种形式守护着他挚爱的人间。

偶像袁隆平

据报道,送别袁老的第一天,悼念者买光了长沙城的菊花。

一对9岁的兄妹,带着一张彩笔画,排在明阳山殡仪馆前的队伍里。画上画着哥哥敬礼的样子,写着"一粥一饭,当思来之不易"。

许多外地网友下订单,托人敬献鲜花。5月22日傍晚时分,长沙市的黄菊、白菊、百合、满天星开始陆续断货。

在悼念现场,一封封遥寄着哀思的信,不禁让人泪目。

2019年9月16日，湖南农业大学，袁隆平院士受到师生的热烈欢迎　辜鹏博 摄

袁老是何时"出道"为偶像的？

不由得让人想起了2019年9月湖南农业大学的开学典礼上的大型"追星"现场。

不少农大学生兴奋地表示："终于见到袁爷爷了，人生圆满！""追星成功！""这才是最亮的星！"

老骥伏枥，志在千里。

在当日的开学典礼上，袁老发表了题为《做躬行实践 厚积薄发的新时代青年》的讲话，在讲话中袁老再次提到了自己的两个梦想："第一个梦是禾下乘凉梦，这是追求水稻的高产梦；第二个梦是杂交水稻覆盖全球梦，我始终都还在努力使梦想成真。"

他告诫学生要躬行实践、厚积薄发，要做"有心人"，随时注意捕捉思想的火花。

似乎也正是从那时候开始，年轻人心中的明星渐渐从歌星、影星变成了那些真正的中华脊梁。其实，袁老已是几代人的偶像。

袁老曾说："人就像种子，要做一粒好种子。"

而他，在为中华民族培育良种的同时，何尝不是将自己也化为了一粒种子。

很多人惊讶地发现，在前往吊唁的人群中，最多的竟然是年轻人。他们中的很多人，或许并未经历过那个年代中国人对于一日三餐的艰难，但这不妨碍袁老成为他们心中最崇拜的偶像。

我们坚信，袁老化作的这粒种子，已经在这片生生不息的大地上，在蓬勃向前的时代之心里，发出了精神之芽。

我们坚信，袁老所留下的信仰之花，在我们第二个百年征程里必将成为最美丽的风景，装点出这个伟大民族更加绚丽的未来。

网红袁隆平

"我们好像有一面之缘，在课本里，在饭桌上，在人间里。"这是一位网友写下的留言，也是我们很多人对袁老最真实的印象。

袁老离我们很远，在科学的高峰上，用悲悯世间的大爱温暖我们，身影伟岸而光辉。

袁老离我们也很近，在我们每个人的心中或许都有一个不同的科学家袁隆平，但却有着一个相同的袁爷爷，他是那样可爱，那样慈祥。

他会"得意"地告诉记者，自己上下班不会按规矩打卡，就连以前老师给他的评语，都是"特长自由、爱好散漫"。

他会定期去家附近的理发店理发，偶尔还会跟老板开玩笑。

在视察稻田时，看到田间的鸭子，他会像个孩子一样开心地学鸭"嘎嘎嘎"地叫！

在去北京参加"共和国勋章"颁授仪式时，向来不修边幅、爱自由的他，一大清早就开始做准备，穿上西装，打上领带，顺便照照镜子，看看自己有多帅。

他会打气排球、跳踢踏舞，小提琴还拉得很好，讲起话来幽默风趣，一不小心就成了"90后梗王"，成为自带流量的超级网红。

他带给了我们温暖、欢乐、鼓舞和感动。他对梦想的执着，对科学的坚守，对生活的热爱，对人生的坦然，让无数年轻人找寻到了梦想的价值，展望到了人生的精彩，标定下了奋斗的方向。

逍遥容与 👍 2577
袁老功在当代，利在千秋，走好！！！

源源而来 👍 1246
中国杂交水稻之父永远地离开了，但是他的精神和贡献永存，一路走好🙏

AlwaysOnline 👍 76
霍金去世了，但我不懂时空
金庸去世了，但我不看武侠
可是我知道，再笨的人，也要吃饭
一日三餐，米香弥漫，饱食者当常忆袁公。

星沙ZF.熊准 👍 73
刚刚辟谣又成真，千古功勋感乾坤。今朝驾鹤乘西去，万世生灵感您恩！

法意诗林 👍 72
《痛悼袁隆平院士》
文/法意诗林

全网刷屏为哪般，袁老仙逝震河山。
国士无双国民痛，世界遗产世人传。

煜量 👍 190
一位老者，一颗赤子的心，一个童真的梦，他对这片土地爱的深沉，他是稻田的忠实守望者！致敬，缅怀！🙏🙏🙏

迦香 👍 189
国士无双😭😭😭😭

笙笙 👍 175
一粥一饭，当思来处不易。
半丝半缕，恒念物力维艰。

巴扎嘿 👍 27
您的逝去，大地都为之震动，
您的逝去，天空为之切哭不已，
我们不知道，地震是您们要走的预兆；
我们不知道，这瓢泼的大雨是提前的哀哭；
这芙蓉路长长的送行的队伍哟，是人民的发自内心的依依不舍；
我们是多么希望，再来一次辟谣🙏🙏🙏
忍不住的热泪，暂且止住，未来更艰，
我辈当更强！

一顽 👍 26
七律 足食忆袁公
文/一顽
人类功臣能得几？绝无仅有是袁公。
一生稻梦成真乐，两腿泥涂从未穷。
饮水当思源本足，饱餐更忆谷粮丰。
神州痛惜神农去，踵事增华慰桀雄。
20210522

一株杂交水稻不但填饱了我们的肚子，也滋养了我们的精神。

他是"网红"，但他创造的从来不仅仅是流量，而是流行。

让有梦想的生活、对科学的追求以及对家国的热爱、对社会的奉献，成为当代中国人，尤其是年轻人心中的一种时尚。

一个网友给袁老的挽联里写道：

着布衣，下泥田，毕生穷究粮稻，情系农桑，心怀天下；

淡名利，废享乐，一世只问耕耘，魂萦华夏，功载千秋。

袁老的离开，是生命规律必然的归宿，终其一生，绝大多数时间能够与自己钟爱的水稻朝夕相伴，何尝不是一件幸事，有生之年能够看到中国人不再饿肚子何尝不是一种满溢内心的获得。诚如习近平总书记对他的评价：他以祖国和人民需要为己任，以奉献祖国和人民为目标，一辈子躬耕田野，脚踏实地把科技论文写在祖国大地上。

今天，我们送别袁老，仰望星空，百感交集，祈愿那颗最亮的星，永远，永远。

红网　2021年5月23日

致敬袁老③
｜他把自己活成了你我的亲人

刘艳秋

所谓死亡，不是肉体的陨落，
而是这个世界上，
再没有一个人记得你的名字。
从这个意义来说，
袁老从未离开。
一切似乎都结束了。
每一个人都以自己的方式做了最后的告别，
那些或金黄或雪白的菊花，
也随着告别一起留在了昨天。
我们起床、工作，
像往常一样，
开始新的一天。
但我们知道，

一切并没有结束。
端起饭碗的时候，
抬头望天的时候，
甚至风拂过树荫的时候，
我们仍会想起，
那个梦想着禾下乘凉的老人。

那是一个多么可爱的人啊。
他会在烈日下固执地走进稻田，
也会在工作后即兴拉一曲小提琴放松。
他总喜欢在一个固定的地方修剪头发，
却也会记得在重要的场合
为自己置办一身帅气的西装。
他就像邻家的爷爷，
努力学习时代的潮流，
却也向这个时代，
输出最诚挚的理论与生活的道理。
他亲切得仿佛触手可及。

所以这一次告别，
才显得尤为悲情——
我们失去了一位共同的长辈。
这位长辈，
惦念着每一个人的温饱，

关怀着每一个角落的米粮。

这位长辈，

不矜科学家的身份，

把自己活成了你我的亲人。

但这一次的告别，

亦是另一种温情的延续——每一个人，

都会以自己的方式，

记住这位长辈的名字。

于国家而言，

延续"把科技论文写在祖国大地上"的崇高风范，

便是记住。

于湖南而言，
弘扬科学家精神，
继续耕耘"三高四新"、推进乡村振兴，
便是记住。
于千千万万个你我而言，
坚信"人就像种子，要做一粒好种子"，
便是记住。

那些仍忙碌在田地里的、村庄中的，
不论是农民，抑或是科学家，
都记着"禾下乘凉梦"与"杂交水稻覆盖全球梦"，
因为他们知道，
记住的最好方式，
便是实现粮食安全与农业发展的种种梦想。
那些奔忙在街头巷尾、
沉浸在工作岗位的党员干部，
都坚信"电脑里长不出水稻，
书本里也长不出水稻，
要种出好水稻必须得下田"的实干精神，
因为他们明白，
记住的最好方式，
便是传承实干的精神。

这个人间不会忘记你的名字，

一如你的种子，

会永远生长在这片日新月异的土地上。

今天，

温度一样适合水稻分蘖拔节。

蒸熟的饭粒仍冒着香甜的水汽。

今天，

我们照常饱餐，

卸去一身忙碌。

我们和以往一样，

热爱生活，努力生活。

只是，

当我们抬头凝望星空的时候，

或许可以为天上的那颗"袁隆平星"，

放上一首歌。

歌的名字，叫《红莓花儿开》——

田野小河边，红莓花儿开，

我与一位少年漫步树林外，

可是我俩终究要分开，

满怀的离别话儿无法讲出来……

红网　2021年5月25日

新闻回望

YUAN LONGPING

新闻的星空，
有一颗耀眼的"袁隆平星"

蒋祖烜

今天是7月23日，袁隆平院士离开我们两个月零一天了，时间悄悄溜走，思念未曾远离。

这次新闻研讨会，是对袁老特别的致敬和怀念。

大家从各个角度、层面和细节深情回顾、追思了与袁老交往、采访报道袁老的点点滴滴，既有忧思难忘的深切记忆，也有音容犹在的致敬缅怀，勾起了我的一些回忆。与袁老的交往，有三个场景让我特别难忘：一是先前在省委宣传部工作时，曾带队到省农科院做专题采访。袁老很热情，专门给我盛了一碗杂交稻米饭："有人说杂交水稻不好吃，口感不好，你试试看"。我边吃边品，口感确实很好，现在还记忆犹新。二是我在湖南日报社工作时，经历了杂交水稻亩产破1000公斤历史纪录的时刻。我与值晚班的同志反复打磨评论《七问超级稻》至深夜，付印时仍觉意犹未尽，心潮澎湃。三是新中国成立70周年，袁老从北京载誉归来，我跟宏森同志（时任省委常委、省委宣传部部长）去机场迎接。袁老坐着轮椅从直降梯下来，兴奋地与我们分享习近平总书记为他授勋时的光荣，我们都掂了掂那枚共和国勋章，沉甸甸的。这些情景历历在目，仿佛就在昨天。

往事已矣成追忆，风范长存励千秋。习近平总书记指出，我们对袁老的最好纪念，就是学习他热爱党、热爱祖国、热爱人民，信念坚定、矢志不渝，勇于创新、朴实无华的高贵品质，学习他以祖国和人民需要为己任，以奉献祖国和人民为目标，一辈子躬耕田野，脚踏实地把科技论文写在祖国大地上的崇高风范。重温习近平总书记的评价，我有一个感慨：袁老的离去，将是我们湖南科学事业短时间内难以弥补的空白。希望大家认真学习和深刻领会习近平总书记的评价，大力弘扬和传承袁老这位可敬可亲可爱的科学巨匠的精神风范。

这次新闻研讨会，也是新闻业务的探讨和交流。

自袁老的杂交水稻诞生那刻起，他一直是一位新闻人物。大家都提到，袁老形成的新闻现象，是我们党的历史上、新中国历史上关于人物报道、科学家报道的一座高峰。无论从新闻业务还是从新闻学术来看，这都是一个弥足珍贵的研究选题，具有重大的现实意义和理论意义。比如，为我们选树推介重大先进典型提供了重要借鉴。新华社重点报道新时代的好县委书记黄诗燕、蒙汉的先进事迹，连标题都有一脉相承之意。研究袁隆平新闻现象，对我们做好黄诗燕等新时代典型人物的新闻报道，无疑有很多启示。再比如，为新时代新闻工作实现党心民意同频共振提供重要经验。党的新闻工作的一个重要内容就是引导舆论，使党之所想成为民之所向，最大程度凝聚社会共识。研究袁隆平新闻现象，可以发现许多值得总结的实践。

5月22日至24日的三天两晚，作为新闻舆论工作者，我们感到特别漫长，又非常短暂；感到特别悲伤，又非常温暖。

这种看似矛盾而复杂的心情，源自尽管我们有一定心理准备，但整个新闻事件舆论之热、范围之广、影响之大，远远超出了预想。中央媒体、省市媒体、外省媒体、境外媒体，还有不计其数的自媒体，不请自来，蜂拥而至。网上的新闻报道与评论完全可以用"铺天盖地"来形容。悼念之热，轰轰烈烈。以人数为例，原设想最多几万人到现场吊唁，实际达32万人。原设想网上分流几百万吊唁群众，实际超过6000万人。从湖南新闻史上看，这是极其罕见的宏大报道，未曾预料的宏大传播。新闻战线的同志们坚守一线，推出了一系列感人肺腑的报道，精准传递了习近平总书记对袁老的评价和对家属的慰问。真实反映了人民群众对袁老的感激和缅怀。总体来看，袁隆平新闻现象弘扬了正能量，产生了大流量，调控了负能量，充分展现了新闻战线同志们的专业素养和敬业精神，体现了新时代新闻工作者的担当作为，得到了中宣部、省委领导和人民群众的肯定。

"致敬袁隆平院士"新闻现象如今过去两个月了，我们有必要透过当时的"热激动"进行"冷思考"，为什么会产生这样的社会现象、行为现象、传播现象？我想有这么三个原因：

因为袁老作为科学家本身极富魅力。他是科学家精神的杰出代表。从"农校教师"到"科学院士"，他始终心系祖国和人民，心怀"国之大者"，终生执着追求"禾下乘凉梦"，把论文写在祖国大地上，用科研成果丰实着老百姓的粮仓。作为农业科学家、人民科学家，袁隆平始终坚持自有个性、色彩、风范，他的一言一行都饱含着对人类的关爱、对祖国的热爱、对群众的亲爱。他的科研成果惠及全国、全世界。袁老领衔研发的超级杂交水稻，每年增产的粮食可以多养活世界8000万人口，是人民群众心目中的"米菩萨"。人们对饥饿的深刻记忆，演变成对袁老的普遍感念。这种普遍性不只在中国，也遍及世界，即使是那些习惯戴"有色眼镜"看中国的西方媒体，也没有一家对袁老说三道四借机抹黑的。可见袁老的贡献得到了全世界的尊敬。他是一位"网红"明星。他的科研成果捷报频传，在传统媒体时代袁老就是报纸广播高频报道的"科技名人"。他是一位成就卓著、荣誉等身的伟大科学家，却长年穿胶鞋下田地，与普通老农别无二致；既能即兴拉一段小提琴，也能飙一口流利的英语，非常幽默有亲和力，就像一位和蔼的邻家爷爷。他这些鲜明的特点，让他在网络时代毫无违和地成为一个特别的、自带大流量的网络"红人"，深受人们的喜爱和追捧。

因为新闻媒体聚合形成强大传播力。这是新闻媒体厚积"勃"发的集中表现。湖南日报从20世纪50年代开始就对袁老进行了长达数十年的跟踪报道。从70年代开始，湖南日报、湖南广播电视台进行了更大量的报道，涌现出了一批报道袁隆平的专业记者，一代又一代地跟踪记录着他的日常工作和生活。如湖南广播电视台最早的是刘雪梅，后来是易可可等，湖南日报最早的是谭奕清，往后有胡宇芬、左丹等，可以写出一串长长的名字。正是这样长期积累，湖南日报、湖南广电才有了丰厚的、信手拈来的新闻素材。同时，袁老也很喜欢与媒体交朋友，还专门设立了杂交水稻报道奖。一个科学家专门设立一个新闻奖，这是媒体长期关注的一个重要原因。这是新闻媒体职业素养的集中体现。"致敬袁隆平院士"，极大地激发出新闻媒体的职业敏感性，各媒体非常积极主动，不需要更多的组织调度，不需要更多的规范要求，自觉自发地聚焦到袁老的成就贡献、精神品格、生活情趣以及人们的情感，报道丰富多彩，饱含深情，可以说是新闻媒体的职业道德、社会公德和个人品德的"大爆发"，是精品力作雨后春笋般的"大云集"，许多新闻报道有深度、有温度、有高度，给我留下了深刻印象。比如新华社的《送别袁隆平》，最后一句话是："这一天，长沙气温23℃。科研工作者说，这是适宜杂交水稻生长的温度。"堪称神来之笔，特别感人。《人民日报》的《一稻济世万家粮足》，《湖南日报》的《袁隆平：湖南日记里耀眼的星辰》，《经济日报》的《这种力量，生生不息》，红网的《袁隆平：当代中国最亮的明星》，湖南卫视的系列新闻专题及"胡湘平"评论，以及一些自媒体文章等，这些有情怀、有温度的作品以后能不能获中国新闻奖、湖南新闻奖并不重要，但现在已得到了最高奖——人民的评价。这是媒体融合传播的集中展现。互联网开启了"人人都是麦克风"的新媒体时代，互联网思维在这次新闻报道中得到了淋漓尽致的发挥，网络化的"复合视角"取代了传统媒体的"平面视角"，网络多元个性化话语取代了中规中矩的专业术语，历史上关于袁老的报道，几乎全部通过全媒体和新媒体的形式得以呈现，让人耳目一新，竞相点赞传播。

因为人民群众特别是青年迸发出的行动力。袁老逝世后，大量群众怀着对袁老的尊敬，发自内心地、不约而同地来到湘雅医院，来到省农科院，来到明阳山殡仪馆缅怀祭奠。开始是一个一个的点，后来连成一条一条的线，再后来变成了覆盖长沙、影响全省、辐射全国的一个面。在悼念袁老的第三天，从贵州还送来了6000束鲜花，这里面饱含着广大人民群众的心意，更蕴含着青年的力量。青年这一次表现特别好。我看到，追着灵车高呼"袁老走好"的人群，大多是青春的身影；我看到，"十里长街送袁老"的人群，大多是青春的脸庞；我看到，互联网上无数网民的留言，大多是"袁爷爷"的称呼。由此，我看到了青年一代敬仰英雄、崇尚科学的价值取向，深切感受到了民族伟大复兴可期的磅礴力量。青年是互联网上的主力军和原住民，他们的深情行动以及他们传播产生的互动，形成了能量巨大的滚动式传播效果。当然，这里面自媒体的迭加传递也发挥了重要作用。

正是因为这些力量的聚合和裂变，在短短的几天之内便形成了超大流量、超高频率的传播态势，瞬间刷屏各大媒体，创造了时达931亿的实际流量，如果现在统计，肯定已超过1000亿，这是不敢想象的流量。

这个现象的产生，真切地反映了习近平总书记的一个科学论断，即新时代的历史性变革，为中华民族伟大复兴提供了更为完善的制度保障、更为坚实的物质基础、更为主动的精神力量。这个现象，就是"更为主动的精神力量"的真实写照。对于这一未曾安排的突发事件，我们的新闻媒体不是被动地、负面地、零散地、分裂地参与，而是带着强烈的社会责任感，主动地积极作为，能够正确判断出孰大孰小、孰轻孰重、孰优孰劣、孰是孰非。这实际上是对我们新闻工作者的一次大考，我们经受住了考验，向党和人民交出了一份满意的答卷。

一是表现出很高的职业素养。各媒体表现出很强的判断力和敏感性。宏森同志特别对湖南卫视给予肯定。因为那天晚上是周六，湖南卫视临时主动调整节目安排，把《快乐大本营》节目改为《袁隆平》电影，把湖南新闻联播原定的两条消息报道改为15分钟的专题新闻，把主持人的服装改为黑色西服，足以证明湖南卫视并不是娱乐至上的，体现了强烈的社会责任和担当，有效地避免了负面影响。

二是体现了过硬的作风文风。事发突然，我们的记者迅速行动，不辞辛劳地现场奔走，不厌其烦地梳理素材，不舍昼夜地创作精品，主动向其他媒体共享素材，表现出了强烈的专业精神。采访上的作风，写作上的文风，都在这一次报道中得到了最集中、最鲜明的体现。没有什么比这个更能体现湖南媒体"走转改"的成效。

三是展现了很强的创新能力。这一次媒体的报道，无论是议题的设置力还是评论的穿透力，无论是文字海报的张力还是音像视频的功力，都匠心独具，特色鲜明。比如，有一个视频，把天上的云彩与水稻的形状很好地结合起来，这个创意让人难以忘怀。江山代有人才出，你们不愧为新时代的新闻工作者。

总体来看，湖南在袁老逝世事件的中心，处于新闻舆论的旋涡之中，但是我们新闻媒体的表现可圈可点，可以写进教科书，可以写进当代新闻史，足以充分证明新闻湘军的实力。

创造经典的背后，凝结着党对新闻工作的坚强领导，稳妥处理了两个关系：一个是报道和现场，一个是网上网下。它们既相互互动，也相互促进，同心同向而行，做到了现场有序、报道有序，网上平稳、舆情平稳、人心平稳。创造经典的背后，是很好地把握了节奏。事件突如其来，戛然而止，余音袅袅，到今天已过去两个月，我们还在追思，整个节奏非常完美。报道如果太短，不能表达和满足人民的心愿与情绪；如果太长，也怕产生疲劳或者走偏方向。

袁老离开了，去了天上，到了宇宙里，化作那颗编号8117的"袁隆平星"。长沙也叫"星城"，一个城的星光和一个人的星光交汇，散落在中国的大地上，交相辉映，世界瞩目，引起我们长久的追忆。

我们今天召开"致敬袁隆平院士"新闻业务研讨会，认真总结其中的工作经验和规律。所以，把大家的工作思考汇集起来，留下一本报道的全记录，这是我们对袁隆平先生精神最好的传承。

作者系中共湖南省委宣传部常务副部长

一堂充满温情的"大思政课"

湖南日报社

2021年5月22日13时22分,是中国新闻史上一个特殊的时刻。重磅消息《袁隆平逝世》由新湖南独家全球全网首发,点击量达612万,近4000条网友评论真情流露、催人泪目,全网阅读量达54.6亿次。

袁隆平院士逝世,是一个爆炸性新闻。做好袁老逝世的新闻报道,也是一项极具挑战性任务。湖南日报社带着强烈的政治意识、责任意识、大局意识,报社党组、编委会主要领导靠前指挥调度,报社各媒体采编力量全员到岗,快速反应,融合发力、多端传播,秉持"不抢跑、不延误、不出格、不出错"原则,采写推出了一批有质量、有深度、有温度、有影响的报道。据不完全统计,两天时间,湖南日报社推出报道1500多篇次,其中原创稿件300多篇,全网总点击量200余亿次,创下了湖南日报创刊以来的最高纪录。很多前方记者和后方编辑、把关人员,从早上六点工作到第二天凌晨四五点。这次重大战役性报道,报社采编队伍经受住了考验,交上了一份出色的报道答卷。

回望湖南日报社在这场新闻遭遇战中的表现，我们深有体会的是：舆论喧嚣处，党报是"定音鼓"；读者迷惑时，党报是"风向标"。通过多层次、多手段、多渠道、全媒体传播形式，湖南日报社及时发布权威信息，准确把握报道基调，切实掌握舆论主动权，真正实现了和大众情感同频共振，形成了一堂充满情感、充满温情的"大思政课"，缅怀逝者功勋，传递崇高精神，有力有效引导了社会舆论。

权威及时发声　主动回应关切

无论是消息、通讯，还是事迹报道，湖南日报、新湖南客户端均是稳字当头，首发快发，权威及时。

22日13时22分，发布袁隆平逝世快讯后，20余分钟内，接连推出长篇通讯《"杂交水稻之父"走了，留给我们无尽的思念》等7条稿件，内容丰富，角度全面，短时间内点击量近千万。13时51分，"湘伴"微信公众号推出的深度文章《恸！袁隆平院士走了》，深情回顾袁老伟大的一生，是同一时间段内容最翔实、情感最充沛的一篇文章，点击量迅速突破10万+，点燃网友的追思之情，网友留言上千条。

5月23日17时40分，新湖南再次全网首发稿件《受中共中央总书记、国家主席、中央军委主席习近平委托 许达哲看望袁隆平同志家属 并转达亲切问候》，第一时间将总书记对袁院士的高度评价和对袁老家属的亲切问候传递出去，成为全国各大媒体的头版头条，引发巨大反响。学习强国总平台首页头条编排后，单日阅读量达4200万，点赞116万。该稿全网阅读量81.9亿次。

几乎所有境内外媒体转载的都是湖南日报的消息。

紧贴受众心理　　引导舆论走向

袁隆平院士是具有世界影响的科学家，他的离去是中国科技界的重大损失，也是广大人民心中的痛。湖南日报社在策划中要求，精准把握群众心理、情绪，报道内容准确全面，张弛有度，既有厚重主题稿、时评快评，也有多方反响稿，以引发情感共鸣，让主流声音得到广泛传播、认同，持续标引舆论风向。

5月23日至25日，湖南日报连续推出3篇主题稿《稻田追梦的科学巨擘——追忆"杂交水稻之父"袁隆平院士之一》《心系苍生的大地赤子——追忆"杂交水稻之父"袁隆平院士之二》《终生求索的一代宗师——追忆"杂交水稻之父"袁隆平院士之三》，厚重主题，柔软表达，有人间烟火，有大写丰碑，凸显袁隆平先生爱国爱党爱人民的精神内涵。24日，推出重磅稿件《学习院士崇高风范，脚踏实地把科技论文写在祖国大地上》，全面反映习近平总书记对袁老的高度肯定，在全省社会各界引发强烈反响。

评论言论举旗定向。两天内，报社推出评论员文章、"精神永在，致敬袁老"系列快评、三湘时评等各类评论产品30多篇。此外，音频评论专栏《生活铺子》和视频评论专栏《青年说》，以轻评论、青年的视角致敬、追记袁隆平院士。"以田为纸、以稻为笔""碗中有粮、心中有您"等原创金句被广泛引用。系列评论言论，第一时间抓住了人们的情绪共鸣点，分别从工匠精神、科学家精神、粮食安全、专注做事、人生态度角度出发，运用网友喜闻乐见的群言群语、网言网语，深刻解读、深切缅怀，被学习强国、人民网、新华网、等30多家主流媒体平台竞相转载。

湖南日报、新湖南还多方出动，积极采写社会各界反响，推出了《赓续未竟事业 矢志强农兴农》《他是我们永远的"袁校长""袁老师"》《同事追忆袁院士：大树虽倒，浓荫满地》《尊重袁隆平院士遗愿，网络悼念遥寄哀思》等报道，各市州频道的报道也不断发力，连续发布《一生追梦的袁隆平走了，江永的种粮人将在田野上延续他的梦》《种粮大户阳岳球："袁老一直是我的偶像"》《"袁院士鼓励我种超级富硒稻"》等系列反响报道和追思文章，展现袁老生前同事、好友深情缅怀，多角度诠释袁老伟岸形象。

精准把握节奏　　稳妥疏导情绪

5月22日晚10点，各地群众自发前来吊唁、送别袁老，明阳山殡仪馆排起了长队。第二天到底开不开放悼念，群众很关心。如何引导群众有序悼念，以免因人群聚集引发不必要的事故？

其实，当晚早些时候，有省外媒体刊发了一些不准确的信息。湖南日报前线记者迅速联系治丧委员会，并根据权威信息刊发《尊重袁隆平院士遗愿 网络悼念遥寄哀思》，引导大家进行网上悼念。新湖南客户端迅速发布H5《献花致祭｜新湖南客户端袁隆平同志网上悼念厅》，以方便广大群众表达对袁老的追思和缅怀，积极引导公众有序、分流祭奠。网上吊唁厅设计庄严肃穆，表达简洁有力，感染力直抵人心。几天时间，超1300万网友进入网上悼念厅祭奠。

5月24日上午，遗体送别仪式当天，新湖南推出滚动直播《深深怀念！今天，我们送别袁隆平》，既有现场呈现，又有背景史料，还有细节故事，内容丰富多样，让受众如置身送别现场一般，两小时点击量超126万。5月25日，湖南日报、新湖南再发稿件《长沙明阳山殡仪馆：请大家网络追思袁隆平院士》，引导公众通过网上吊唁厅继续送上一份深切的哀悼。

送别、悼念袁老的人群中，有不少是青年学生。报社记者编辑在报道素材和角度上注重体现温情、温暖基调，有现场、有细节、有追忆，力求与年轻人产生共情和共鸣。制作推出的《"袁爷爷，一路走好！"长沙各界人士冒雨送别袁隆平院士》《大学生点蜡烛送别袁隆平院士》《深夜的长沙，人们仍在为袁老献花，不愿离去》《91秒，一起追忆袁隆平》等短视频，许多成为各大媒体类似产品的素材。《海报 | 倾尽一城花，只为奠一人》《海报 | 长沙的长，是长情的长》《长沙一花店老板免费送菊花》《图集 | 风吹过稻田，我们想念您》等新媒体产品，简洁有力，温情动人，许多标题成为网络热词。既有大到一座城的大爱，也有小到一家店的小爱，让人瞬间破防。网友纷纷留言"好温暖的湖南，好友爱的长沙""长沙是很温情的城市，很暖很暖，袁爷爷一路走好！""今天又被长沙感动哭的日子"。

主流媒体与党心民意同频共振的完美案例

龚政文

做好袁隆平院士逝世报道，是湖南主流媒体遭遇的一次重大新闻战役，是湖南媒体的一次集体能量爆发，整个报道完美实现了主流媒体和党心民意的同频共振。

及时反应、迅速行动是做好袁隆平逝世报道的前提

2020年下半年，湖南广电开始制作一部关于袁老的纪录片。关于袁老的各种报道、专题不少，但这次要完成的是一部全景式口述实录型的纪录片。袁老逝世前一周左右，我们加速了抢救性纪录片的拍摄和制作，同时也在进行其他报道准备。5月22日当天，在新湖南客户端发出袁老逝世消息的第一时间，我们紧急通知召开全台新闻宣传调度会，分析研判形势，对各媒体特别是湖南卫视、湖南电台和芒果云的报道作出具体安排。后面两天，这样的调度会每天一次。从22日到24日这段时间，我们一直密切关注各方动态和舆情走势，及时调度媒体报道。我作为报道总指挥，一直蹲守新闻中心，作出安排、研究报道、审稿审片。"一竿子插到底"和"全台一盘棋"的指挥调度，确保我们的报道量多势足、

准确到位。

顺势而为、敢于担当是实现主流媒体和党心民意同频共振的关键

我们都知道,主流媒体必须和党心民意同频共振。但是这一要求说起来容易,做起来不容易。当事态猝然降临、发展走向难以预估的时候,如何准确找到那个"频"?又怎样恰到好处去"振"?分寸、火候该如何拿捏?考验着我们的政治站位、判断能力、担当精神。事实证明,准确研判、顺势而为、敢于担当,是实现主流媒体和党心民意同频共振的关键。

多年来,湖南广电一直秉承"党之所指、我之所向,国之大者、我之所为,民之所愿、我之所趋"的理念,而且我们认为,党的号召、国之大者和老百姓的愿望是高度一致的,不是分裂的,"所向"也好,"所为"也好,"所趋"也好,其实是一个行动。以袁老逝世为例,人民群众特别是青年学生反应之强烈之广泛,前所未有,大大超出所有人的预期。袁老是世界"杂交水稻之父",是习近平总书记亲自颁发"共和国勋章"的著名科学家,是备受尊崇的无双国士。在袁老身上,党的认可、国家荣誉和大众偶像完美地集于一身。

认识到这一点,对袁老逝世这么大的一个事件,该如何进行报道,我们的如下选择就顺理成章了。

第一是长度与分量问题。在5月22日下午的全台调度会上,新闻中心最初计划《湖南新闻联播》做3分钟时长的报道,我们马上判断3分钟不够,因为当时整个朋友圈是刷屏的状态,所有

媒体几乎都只有"袁隆平"这一个话题。最后我们做了15分钟，占了《湖南新闻联播》总时长27分钟的一半多；第二天做了17分钟，报道了习近平总书记委托许达哲同志看望袁隆平家属并转达亲切问候的情况，播发了总书记对袁隆平给予的高度评价（就单个科学家逝世而言这也是不多见的）；第三天超过20分钟，因为这一天是袁老的告别仪式，有高规格、大规模的吊唁活动。这样的安排，的确是超常规、破惯例的，如果不考虑当时特殊的语境和袁老特殊的个体，是很难理解的。但当时，没有任何人觉得这个安排不妥。5月24日央视新闻联播之后，我们还特别安排了25分钟时长的专题片《融入大地，闪耀星空——致敬袁隆平》。

第二是评论口径问题。一开始我们就认定要连续做几篇"胡湘平"，标题怎么取是一个考验。在袁老逝世当天下午，我们考虑，袁老本身是一位人民科学家，他逝世后社会的追思怀念具有极大的人民性，于是第一篇的标题就叫作《怀念一个伟大的人民科学家》，第二篇的标题是《一粒伟大的种子》，第三天是告别仪式，标题用了《祖国和人民永不忘记》。标题定了，怎样表达呢？第一篇"胡湘平"是这样起笔的："稻菽千重浪，粒粒皆思念。今天，一位伟大的人民科学家离开了我们，一位大地的奋斗者魂归大地，一位受到全中国、全人类尊敬和爱戴的'杂交水稻之父'与世长辞。袁隆平，这个重如山的名字，将永远铭刻于中国科技史的丰碑上，闪耀在群星璀璨的夜空中，标注在人类文明的长河里。"这样的语言对袁老的概括是合适的、必需的。这篇评论得到社会各界的好评，在芒果云单发出来后也形成刷屏效应。后面两篇，大体如此。

第三是湖南卫视的编排问题。袁老逝世的当天是星期六，湖南卫视晚上按惯例要播《快乐大本营》，宣发早已做了。但是，湖南卫视经过研判后撤下《快乐大本营》，换上电影《袁隆平》，芒果TV同步上线。这样的安排，网上舆论一致叫好，收视表现也不错。

综观袁老逝世后湖南广电的新闻报道和节目编排，坚守了政治纪律、宣传纪律，把握了时代脉搏和社会情绪，体现了主流媒体应有的站位和反应，分寸和尺度把握是好的，也得到了观众以及媒体同行的充分肯定，极大地提升了湖南广电的美誉度和影响力。《湖南新闻联播》主播穿黑西装15分钟报道痛失袁隆平也获得了广泛点赞，还有芒果云新媒体产品"听袁隆平小提琴版的《我的祖国》，重温人民科学家的赤子心"阅读量达到1.3亿，视频观看量超过540万人次，居新浪热搜第六。

敢打硬仗、执行力强是实现最佳报道效果的保证

在这场特殊的新闻战役中，人们再一次看到了湖南广电"新闻铁军"的形象。

新闻中心的"联播+午间"团队，在袁老逝世报道中发挥了主力军作用，他们全员上阵、尽锐出战，连续推出大体量、高质量的权威报道。新闻中心副总监、《湖南新闻联播》制片人尹中执笔完成了袁老逝世后三篇精彩的"胡湘平"评论。

纪录片团队（张谊团队），最大可能地完成纪录片的拍摄，保存了纪录片《"杂交水稻之父"袁隆平》、专题片《融入大地 闪耀星空》中许多珍贵的口述和影像。原计划纪录片的推出还要晚一些，但袁老逝世后我们加快了这一进程，新闻

中心扩充了团队力量，仅仅三天就完成了纪录片和专题片的后期制作。同时，广播传媒中心、湖南经视、湖南都市、湖南公共和芒果TV、芒果云等新媒体也都表现得很出色。

特别值得肯定的是湖南卫视。5月22日下午，湖南卫视主动提出撤掉当晚的《快乐大本营》，改播电影《袁隆平》。这是湖南卫视的一个自觉行动，网上好评如潮："过去都说湖南卫视是娱乐立台、过度娱乐化，你看看湖南卫视的理念、风范，他们是主动撤销娱乐节目、排播电影《袁隆平》！"

在这场新闻战役中，媒体同行也提供了很多值得我们学习的案例。比如新华社对袁老告别仪式现场的"白描式"报道，纯粹记录现场，没有过多的修饰，传递了丰富的信息，非常感人；比如湖南日报（新湖南）的报道既快速又丰富，在袁老逝世的第一条消息出来后，"新湖南"紧接着推出了一大波产品。还有红网和潇湘晨报的一批新媒体产品，视角新、亮点多、传播广，值得学习和借鉴。

作者系湖南广播影视集团（台）党委副书记、台长、总经理

亿万民众致敬袁老，
已汇聚成中华民族伟大复兴的磅礴力量

舒 斌

袁隆平院士是我的亲姨父，他对我的人生影响很大。我除了以媒体人身份参加袁老逝世报道外，还以袁老家属的身份来谈一下报道的相关感受，非常感谢党中央、湖南省委、社会各界及各媒体对袁隆平院士逝世的极大关注。

袁老的逝世远不只是袁老大家庭的家事，而是全省、全国乃至全球的重大事件，湖南媒体的报道得到了社会方方面面的认可。袁隆平院士逝世，社会无分老幼、无分阶层、无分职业，都表现出极大悲恸，这种情绪已内化成爱党爱国爱人民的力量，汇聚成中华民族伟大复兴的磅礴力量。据悉悼念现场去了30多万人，最令人感动的是，青少年群体是悼念人群的主力，从这个层面看，这也是一次非常有价值、有意义的爱国主义实践教育，必将影响孩子们一生，影响一代人。

通过这次事件，我有五点具体感受。

崇尚科学家已成国民共识，为赢得报道战役提供了原动力

袁老毕生追求"发展杂交水稻，造福世界人民"。他一辈子淡泊名利、甘于寂寞、专注田畴，长期致力于杂交水稻技术创新，为"稻梁谋"，为民生计，袁老无愧侠之大者、国之仁士。

正因为每一位悼念者内心都把袁老当作英雄、把科学家精神当作自己的精神谱系，袁老去世后，才会出现"倾尽一城花，只为送一人"群情悲恸的场景。同时也激励着后人，追梦不止、奋斗不息。

湖南媒体打出了堪称新闻教科书式的漂亮战役，是因为我们表达了群众真挚情感，报道基调准确，推动了有序悼念。

队伍快速反应且精准呈现，为赢得战役提供了执行力

袁老逝世，现场呈现的是海量信息。但我们给一线记者定了一个标准，迅速进入现场采访，后方团队根据一线记者的信息即时判断调整。事实证明，我们这支作战队伍既听从指挥，又擅于现场发现、补位，表现出很高的政治觉悟与专业水准。比如，在袁老逝世一周以后，记者在现场发现独家新闻，《30万群众现场悼念袁老 鲜花装满32卡车｜明阳山72小时》，全网点击量达3亿。

采编团队用心用情做事，为赢得战役提供了内驱力

袁老逝世，我们的记者、编辑们与亿万人民一样都沉浸在巨大悲痛中。因工作原因，许多记者、编辑或多或少与袁老有过交

集，都曾被袁老高尚的人格魅力所感动。他们虽有情感宣泄，但并没有感情用事，而是化悲痛为力量，用心用情写好每一条稿件、拍好每一幅照片、录好每一帧画面，用精品力作表达哀思。在文本写作、呈现方式上，我们不为博眼球而获取流量；我们是通过真情实感的作品获得真正有价值、赢得网民尊重的流量。

规定动作与自选动作准确及时，为赢得战役提供了创造力

袁老逝世后，我们的报道也如悼念人群一样，按序推进，有条不紊。在报道的重要节点上，如习近平总书记委托湖南省委书记慰问袁老家属、袁老逝世讣告、袁老告别会等，我们都是以高度的政治责任感完成各项规定动作。此外，也根据自身特点，创新形式，全方位、多视角、深层次创作了不少感人作品，有的作品上了热搜，有的作品点击量几亿次等。规定动作与自选动作并驾齐驱，让整个报道精彩纷呈。也正因为我们牢牢地占据舆论阵地、释放主旋律声音，个别谣言杂音根本无法生存。

在重大战役中淬炼队伍，为赢得战役提供了竞争力

在袁老逝世的新闻大战中，我们锻炼了队伍，也发现了干部。我们认为，只有在真正的大战役中，才能发现哪些干部能打仗，谁的党性强、作风硬、业务精，经历过大战役就会一目了然。我们要鼓励队伍多深入一线参与大型报道，平时多练兵，多积累经验，才能在每一次战役中赢得胜利。

作者系湖南出版集团党委委员，红网新媒体集团党委书记、董事长

以朴素的力量，告慰禾下乘凉梦
——袁隆平逝世报道中的"国社品格"

袁汝婷

5月22日，袁隆平院士在长沙逝世。

获悉袁隆平病危，新华社湖南分社立即启动了应急报道响应机制，抽调精兵强将组成报道团队，紧抓时效、质量，在央媒中首发袁隆平逝世权威消息，多篇报道镇版刷屏，融媒产品破壁出圈，充分发挥了国家通讯社、世界性通讯社的职能，受到湖南省委多位领导同志、新闻界同行及受众的认可和鼓励。

在报道中，我们践行了四个原则：

一是移动优先。在得知袁隆平病况后，分社立即组建报道小组分赴多路蹲守采访，组织后方力量同步制作报道产品，并积极对接编辑部。5月22日13时41分，分社以中南大学湘雅医院作为权威信源，通过"新华社"微博在央媒中首发消息。由新华社主持的"袁隆平逝世"微博话题阅读量超过100亿，讨论量超过1500万条，长期占据热搜第一。

二是内外并重。新华社是具有全球影响的世界性通讯社，我们同样致力于为海外受众提供权威、真实、全面的新闻信息。分社与编辑部合作，制播发多条英文稿，英文消息被路透社、美联社、法新社等340家境外媒体采用，融合报道以英、法、西、俄等多语种发布在facebook/Twitter等海外社交平台，累计互动量达百万。

三是全媒采集。从采编力量、报道形态到发稿终端，我们把"融合"贯穿始终，每一条稿件都尽最大可能实现全媒形态，覆盖多渠道、多端口、多平台，还推出了有声海报等产品。分社在抖音推出的15条短视频总播放量超过3.4亿，有11条短视频播放量超过1000万，单条最高达1.18亿。相关融媒报道在新华社客户端阅读量超3000万。

四是精品导向。我们在两天内连续推出了通讯、特写、述评、评论等十余篇深度报道。其中，新华述评《禾下乘凉梦 一梦逐一生》得到湖南省委领导高度评价，被2531家媒体采用，微信阅读量达184万次；追悼会现场特写《送别袁隆平》得到业内同行认可，实现"破圈刷屏"；评论《一稻济天下 肝胆两昆仑》被14家报纸以头版头条大幅展示，被业内公号评为当日封面……读者评价新华社报道"势大力沉，有大格局真感情"。

回顾报道过程，有三点体会：

第一，新闻常常是"遭遇战"，要做好积累和预案。湖南分社从20世纪70年代开始，一直深耕袁隆平报道。这次，我们还专门采访了81岁的湖南分社原农村采访部主任、高级记者杨善清老师。分社记者一代代传承，始终与袁隆平院士保持密切交往，深得信任。得益于这种积累，我们的记者才能顺利进入病房全程见证，也让报道实现了权威、及时、准确。也因有提前策划，我们才能在报道上实现深度和广度的同步拓展。

第二，与青年同频共振，是引领舆论的关键窍门。近年来，袁隆平院士一直被认为是互联网场域中的"顶流"。我们也在思考：年轻人为什么爱袁隆平？怎样通过新闻表达来正确引导这种爱？所以，我们在报道全程都强调"从青年中来，到青年中去"。比如，《一稻济天下　肝胆两昆仑》这个标题，是我们在仔细阅读成百上千条微博评论后受到的启发；再比如，特写《送别袁隆平》最后一句——"长沙气温23℃。科研工作者说，这是适宜杂交水稻生长的温度"；前情是新华社报道了袁隆平在生命最后的时光还关心气温，这个细节通过B站、抖音发酵，我们一位年轻记者在前一天晚上刷B站悼念视频时，看到满屏弹幕都是95后、00后留言报出自己所在城市的温度，由此产生灵感。

分社报道团队多数成员是90后、95后，他们以年轻的视角和表达，以新闻的方式，把青年饱满浓烈的爱引导升华成崇尚科学、尊重科学家的时代精神。

第三，移动互联网时代，仍要相信朴素的力量。复盘整个报道时，分社同事也曾探讨，全世界有这么多伟大的科学家，为什么袁隆平能形成如此强大的感染力？为什么对他的报道能得到如此正向的、几乎没有杂音的反馈？结论是，"吃饱饭"这件事是全人类最朴素的共鸣，它无须多余渲染和刻意拔高，一五一十地讲述就足以动人，这也是袁隆平留给大多数读者的印象——朴素得像农民，真实得像"自家爷爷"。所以，无论文字还是视觉，我们尽可能选用了白描的表现手法，把这种朴素贯彻到底。这种坚持也让我们进一步体会到，不管传播手段、形态、场域如何翻新，我们始终要相信真实的力量、朴素的力量。

作者系新华社湖南分社副总编辑

稻香泽被华夏　英雄本是老农
——以光明特色、人文温度致敬袁隆平院士

禹爱华

　　光明日报是一张主要面向广大知识分子的全国性综合性思想文化大报。一直以来，光明日报积极宣传党的理论和路线方针政策，积极宣传中央重大决策部署，立足知识界、面向全社会，坚持与真理同行、与时代同步，团结、联系、引导、服务知识界，激励广大知识分子为社会主义各领域建设、改革开放、社会发展进步多作贡献，努力建成"知识分子的精神家园"，在政治建设、理论创新、道德引领、教育启迪、文化传播、科学普及等诸多领域发挥重要作用。

　　近年来，光明日报推出的全媒体专栏《光明追思》，以突出贡献知识分子逝世报道为抓手，以荣获2019年度中国新闻奖专栏一等奖为契机，进一步打通全媒体工作流程，继续打造有光明特色、人文温度的追思栏目和专版，形成了"声浪式"传播，并得到中央有关领导批示肯定。

　　袁隆平院士是一位受人民尊重的科学家，也是广大媒体工作

者熟知的一位科学家。他对中国粮食安全乃至世界粮食安全作出了突出贡献。在他生前，光明日报曾以头版头条、整版等重要位置和版面多次报道过他和杂交水稻的故事。

袁隆平院士逝世后，光明日报社湖南记者站第一时间响应，联动报社记者部、知识分子联络办公室、全媒体总编室等有关部门，连续作战，在微博、微信、客户端以及大报推出了《稻香泽被华夏　英雄本是老农——追记"杂交水稻之父"、中国工程院院士袁隆平》等一系列全媒体作品，得到了各方肯定。

这次报道主要从以下几个方面入手：

一、讲政治，不抢跑。5月21日晚上8点左右，我们从湖南农业大学党委书记陈弘处得知，袁隆平院士病危，可能要做好最坏的打算，他正准备去医院看望袁老。得知这一消息后，我的心里咯噔了一下，出于职业敏感，我觉得我们要做好思想准备。当天晚上开始，我们就特别关注袁老病程的进展。22日上午，当袁老逝世的消息在众多网站和朋友圈大量转发时，我们通过多种途径立即予以核实，却并没有得到肯定的答复。因此，光明日报没有跟风转发该不实消息。后来的事实证明，光明日报和其他主流媒体一起，守住了第一道关口，权威消息发布后，我们第一时间在光明日报官方微博和微信公众号刊发了消息。

二、准确出击，抢得先机。按照惯例，有突出贡献的知识分子逝世后，光明日报次日会刊发讣告，后续再刊发长篇深度报道的追思文章。袁隆平院士影响力深远，社会关注度更高，在报社领导的指示下，我们一边采访长沙市民送行袁老的感人场面，一边采访袁老的同事、学生，当天下午即着手准备深度文章，至当晚11点，3500字的稿件《稻香泽被华夏　英雄本是老农——追记"杂交水稻之父"、中国工程院院士袁隆平》完成，于23日连同讣告同时见报，及时、准确、理性、稳重地做好了袁院士逝世的报道，并得到了各级领导的高度肯定。

报社总编辑王慧敏同志在5月24日周一编前会上表示，本报关于袁隆平院士逝世的报道，既体现了本报应对突发新闻的沉稳和定力，也体现了本报的特色和站位。

作者系光明日报记者

传播大师伟业风范
致敬袁隆平院士!

胡宇芬

5月22日,袁隆平院士永远地离开了我们,留给世人无尽的思念。那些悲伤的日子里,人们流泪呼喊着追赶灵车、全城倾尽一花只为送别一人的一幕幕,仍历历在目。

袁隆平院士是具有世界影响的科学家,他长期工作生活在湖南,是湖南的骄傲。湖南日报在省内最早报道袁隆平院士的杂交水稻研究,几十年来从未中断。作为近十几年来持续参与报道袁隆平院士的湖南日报记者中的一员,我有幸见证了袁院士带领团队取得的系列重大成果,也有幸从袁院士身边的学生和同事处听到他鲜为人知的故事。每次采访,我都能感受到袁院士为国家为世界解决粮食问题的强烈愿望,感受到他为此不懈奋斗的深厚情怀。我尽力写好每篇报道,这是我的责任。

"高产更高产是永恒的追求""我有两个梦,一个是禾下乘凉梦,一个是杂交水稻覆盖全球梦",大小场合,听袁隆平院士讲得最多的话就是这些。这真是融入他血液的信念。在这个坚定的信念面前，年龄从来不是障碍，袁院士从"80后"干到了"90后"，还要干到"100后"，充满了豪情。记得为纪念改革开放40周年，湖南日报推出系列报道，杂交水稻是其中一篇。在袁院士的办公室里，他说起全球超级稻的研究历史时，非常自豪地讲，我们中国超级稻亩产800公斤才算及格，1000公斤打80分，1200公斤是满分。自豪背后，是袁院士带着团队20多年奋斗的艰辛。除了改革开放40周年，湖南日报还在新中国成立70周年、袁院士及团队获得国家奖励等重要节点，突出对袁院士和杂交水稻研究的新闻报道，将袁院士的成就和精神传播好，让更多的人了解杂交水稻这项伟大的发明，感受袁院士爱党爱国爱人民、把论文写在大地上的情怀。

这些年采写袁院士的报道，印象特别深的一次，是参加湖南日报策划的系列报道《师耀湖湘》。我走访了袁院士的几位学生，他们讲述了眼中的袁老师，充满感恩和敬佩。其中讲到的几个故事，让我对中国杂交水稻为什么一直保持世界领先有了更加深刻的认识。采访中我问袁院士："您心中的老师是什么样的？"他告诉我，老师就是为学生指引方向。独家挖掘的袁院士指导学生确立超级杂交水稻的研究方向、坚持让学生提高研究的产量目标等故事，正是对袁院士为师观的生动写照，我把这些故事写进报道，反响很好。

今年上半年，湖南日报策划推出《少年志·科学家》系列新媒体报道，我们一直在联系采访袁院士，当时袁院士因生病住院无法接受采访，我们祈祷老人家早日康复，回到他日夜牵挂的稻田。万万没想到，老人家永远地离开了我们，离开了他为之奋斗一生的事业。那段日子，不管是杂交水稻专家，还是普通农民，不管是曾经历过饥饿的老人，还是从来就食物富足的年轻人，人们心中涌动的强烈情感，不断触动着我。在悲伤中，我和同事们用文字、图片和视频等各种方式，写尽了人们对袁院士的感恩、不舍和深深怀念。

习近平总书记说，对袁院士最好的纪念，就是学习他热爱党、热爱祖国、热爱人民，信念坚定、矢志不渝，勇于创新、朴实无华的高贵品质，学习他以祖国和人民需要为己任，以奉献祖国和人民为目标，一辈子躬耕田野，脚踏实地把科技论文写在祖国大地上的崇高风范。作为一个新闻工作者，我要继续报道好袁院士开创的杂交水稻事业，继续传播好袁院士留下的宝贵精神财富，永远向袁院士致敬！

作者系湖南日报科教卫频道副总监

大地赤子，德泽人间
——记袁隆平最后的时光

张 谊

关于袁隆平的新闻报道，专题采访本身已经很多，但是没有一部全景式展示他这一生的纪录片，所以我们觉得制作纪录片《杂交水稻之父袁隆平》是非常有意义的。

我们从2020年起就在策划拍摄这个纪录片，我们希望采取口述历史的形式，追溯袁隆平的人生道路和科学世界，还原一个当代中国知识分子与这片土地同呼吸共命运的心路历程，他漫长的人生也经历了中国将近一个世纪的历史变迁，我们希望从更广阔的层面去展示袁隆平。

从准备这个片子开始，我们就感到压力比较大，实际上我们是在与时间赛跑，近两年袁院士的身体状况不容乐观，虽然他时不时会精神饱满地出现在媒体上，实际上他已经不能行动自如了，双腿无力，不能走路。2020年夏天，袁院士赴北京住院了一段时间，我们差不多从九十月间才开始跟拍袁院士，因为他的身体，不能给我们安排专门的长时间采访，我们每天蹲守在水稻研究中心，记录他的一些工作情况，见缝插针地做一些采访。11月，他去了海南三亚的南繁基地，我们也几次过去跟拍，可以说，我们记录了他最后的时光。在这个过程中，我们也近距离地感受到他的品格、他的个性。

在这一段时光中，袁院士的身体其实已经很衰弱了，所以他的秘书辛老师总是告诉我们，如果要采访，每次只能15分钟。但是我们在那里，看到他每当工作的时候，总是一副精神百倍的样子。他一般是早上10点到办公室上班，我们了解到这个规律，也基本上在这个时间来到杂交水稻中心，水稻中心也为我们安排了一间办公室。一天早上，原本是安排10点的"南繁工作动员会"，这个会议，每年都会开，因为每年11月杂交水稻中心的研究人员都会去三亚进行南繁育种工作。我们按照平时的时间来到水稻中心，结果发现会议早就开始了，我们赶快进入会议室进行记录拍摄。整个会议持续了一个多小时，袁院士对南繁工作进行安排，提出了高产竞赛的计划，拿出十万元奖励优胜者，为党的100周年献礼。在这个过程中，他一直侃侃而谈，我当时心里还在想，这哪里是只能说十分钟话，精神头这么好。会后，我问辛老师："不是说10点吗？怎么提前了？"辛老师说："今天嗲嗲一大早就起来了，就说今天要有重要的事情宣布，要早，提前一个小时就硬要到办公室开会，急得不得了一样。"袁老师就是这样，只要是谈工作，谈水稻，精神就特别好。他这个时候实际上是在挑战自己生命的极限。那一段时间，我也深刻地感受到他的那种紧迫感，他自己好像也在和时间赛跑。我们采访了他以前的助手周坤炉，周老师也说，袁老师最难得的就是一辈子很执着地专注于杂交水稻，从来没有改变。辛老师说袁院士是一个强人，身上有那种强人性格，不断挑战，永无止境。这一点我也很深切地感受到。在我们的采访中，他不希望被拍摄到他坐轮椅的样子，他不止一次地向我们说起他的"当年勇"，比如2008年奥运会他是湖南传递火炬的第一棒，他很骄傲地说："我那时候还是可以的，现在不行了，腿没劲了。"他很喜欢向我们展示一张他80岁时候的泳装照，他回忆起当年西南农大招飞，800名学生选8个，他就是其中之一，说起来很骄傲。处处可以感受到他对生命的渴望，希望有足够的时间把自己的事业继续推向前，有一种不屈的精神在其中。我们把这些细节都放入了片子中。

2019年9月29日，习近平总书记在国家勋章和国家荣誉称号颁授仪式上发表重要讲话中，用"忠诚、执着、朴实"三个词语诠释功勋人物的品格，这在袁隆平院士身上都有很好的体现，我们在创作这个片子时，着力体现他的这些品格。

袁隆平是一位执着严谨的科学家，同时具备高度的战略眼光和非凡的组织才能，也是一位运筹帷幄的实干家。他的秘书辛老师告诉我们，他的脑子好像一刻都不会停止思考，哪怕是住院他也是不停地思考，每次都会抛出一个想法，然后马上就要去实现。前年，他在北京住院，本来没有出院，有一天他忽然说："不行，我要去见李克强总理，要给他递交一个报告。"当时博鳌论坛发来邀请，因为身体原因，他本来不打算去的，后来又非去不可，谁都劝不住。他说："我一定要去见总理。"后来，他见到了克强总理，递交了建立耐盐碱杂交水稻研究中心的报告。向党的100周年献礼搞高产竞赛，也是在他住院期间产生的想法。袁院士对事业的忠诚，体现在他的生活与工作中的时时处处，即使在他生命的最后一刻也是如此。他在弥留之际，还要身边工作人员汇报水稻产量，我们台的老记者易可可老师用手机记录了下来，经袁老家人同意，我们在片中播出来，那个情景特别感人。纪录片就是通过这些细节来打动人心。

这个片子虽然从2020年就开始准备，但是考虑到袁院士的身体，实际上拍摄并不是那么顺利。袁老的离世引发社会的高度关注，我们台也迅速做出反应，各档新闻都大篇幅报道，从5月24日起，推出了这个纪录片。《融入大地　闪耀星空——致敬袁隆平》《杂交水稻之父袁隆平第一集：大地赤子》《杂交水稻之父袁隆平第二集：勇攀高峰》《杂交水稻之父袁隆平第三集：追梦人生》《杂交水稻之父袁隆平第四集：造福世界》，在芒果TV上的播放量达到近千万，应该说片子的传播效果还是不错的。那几天各个媒体争相报道，朋友圈、公众号都被袁老去世的消息刷屏，不管是长沙市民自发送别袁老，还是各个媒体推出的怀念袁老的系列短视频，都被广泛转发，而我们推出这样一部有分量的纪录长片，可以说相当及时，让大家在缅怀的同时，也更真实地感受到袁老的情怀与品格。

作者系湖南卫视新闻中心记者

把作品写在大地上，是对袁老最深沉的致敬

曾鹏辉

袁老的逝世，让亿万人民沉浸在巨大悲恸之中。5月22日至24日，我与同事们每天超过15个小时守候在悼念现场即时报道。

我们在深夜11点，看到来自深圳的人们在袁老单位悼念后消失在夜色中；我们在大雨中，看到整齐有序进入灵堂的长龙队伍；我们在试验田，看到无数快递小哥把来自天南地北的鲜花摆放在袁老的禾苗旁；我们在周末，看到一群群来自各地的学生赶到灵堂为袁老做最后告别……

那种发乎内心的悲恸与自觉、那种陌生人群聚集后的井然秩序、那些把袁老当作最耀眼明星的年轻学生群体，让我们感受到了袁老的高尚人格魅力，更深深地体会到中华民族崛起的无穷力量。

三天的采访过程，就是感动的过程、学习的过程、思想不断

洗礼的过程。因为我们被感动，我们的作品才感动了亿万网民。

袁隆平院士逝世后，红网第一时间开设大型专题《音容宛在 功勋永存》，总点击量超16亿，5件作品点击量超1亿，单篇最高点击量超2.6亿，过千万的作品10余件，时刻新闻客户端新增用户近300万，体现了较强的传播力和引领力。

红网作为党媒，在重大事件、关键时刻，既能把握好宣传导向，又能控制节奏，找准网民诉求，做到了出色呈现。如袁老逝世4个小时后，我们就推出《悼念H5｜播下稻种 致敬袁老》《网上悼念厅H5｜国士永存 请为袁老献上一束花》等多个创意作品，立刻引来千万级量的网民关注，无法抵达现场的民众纷纷通过红网表达哀思。《海报｜最后的泪别》《海报｜"我一直有两个梦"，袁老的这些话言犹在耳》《海报｜一粒种子》等引发网民刷屏，每条流量都过千万次。

袁老逝世一周后，我们独家推出后续报道，《30万群众现场悼念袁老 鲜花装满32卡车｜明阳山72小时》，此稿全网点击量达3个亿，让网友的怀念之情得到了慰藉。有网友留言称："多年后，纸条的主人，不经意发现当年的字迹仍清晰可见、被温柔以待，定会感念这个共同奔赴并书写的夏天。"

袁老逝世，各界掀起追思热潮，红网能在追思洪流中有出色的表现，得益于形成了团队的快速反应机制。红网链式联动机制已运用到采编经营的各领域，实现中层下沉，防止了"中层空转"，大力提升了反应速度。得益于选准角度、彰显温度、强调速度，有力抢占了第一落点。袁老逝世消息发布后，红网中央厨房主要负责人一刻也没有下线，频频召开网上网下采编会进行部署策划，"十里长街送袁老""您待全国人民把午餐吃完，然后静静地走了""网民如此依依不舍，是因为您亲切得仿佛触手可及""他把自己活成了你我的亲人""最后的泪别"等一系列策划报道，带着网络流行语的温度与速度不胫而走，积极有效抢占了第一落点。

对袁老逝世的报道，不只是缅怀袁老，更是要传承与发扬袁老的精神。我们不难发现，袁老的精神本质与媒体人的要求高度吻合——

袁老心存坚定理想信念，心里始终装着国家与人民，毕生追求"禾下乘凉梦"和"杂交水稻覆盖全球梦"，为保障国家粮食安全、为人类战胜饥饿不懈奋斗。

袁老勇于创新、不断攀越科研高峰，2020年11月，他带领的团队将杂交水稻双季亩产突破1500公斤大关，再创世界奇迹。

袁老几十年如一日致力于杂交水稻的科研、应用和推广，九十高龄仍坚持深入田间地头，在水稻田中收集第一手资料……

媒体从业人员的标准是什么？袁老给我们提供了完美的标准答卷。

习近平总书记要求广大党员、干部和科技工作者向袁隆平同志学习，强调我们对袁隆平同志的最好纪念，就是学习他热爱党、热爱祖国、热爱人民，信念坚定、矢志不渝，勇于创新、朴实无华的高贵品质，学习他以祖国和人民需要为己任，以奉献祖国和人民为目标，一辈子躬耕田野，脚踏实地把科技论文写在祖国大地上的崇高风范。总书记高度概括的袁隆平同志的精神，不就是每一位媒体人毕生的追求吗！

新闻从业人员，要认真学习袁老的高贵品质和崇高风范，胸怀大局，服务人民，深入基层，践行"四力"，为实施"三高四新"战略定位和使命任务、建设现代化新湖南贡献智慧和力量。

作者系红网采访中心副主任

一篇"用情"的独家报道
——《30万群众现场悼念袁老 鲜花装满32卡车丨明阳山72小时》成型之路

肖依诺

2021年5月22日,袁老逝世,举国哀恸。

那几天我的记忆很深刻。在线上点开各大新闻网站,铺天盖地的都是袁老生前身后的消息;每个人都在自发悼念;而在袁老溘然长逝的长沙,成千上万的人冒雨前往明阳山送别。

5月23日,我到明阳山做采访,因为前来悼念的人太多,道路进行了交通管制,我跟随人流走了很久才到队伍末尾。殡仪馆外,大多是青年,有的牵着孩子,有的捧了花,没有人吵闹,一切都非常有序。

长沙给人一贯的印象是年轻、跳脱,但在那一天,我觉得这座城市突然变得很沉静。沉静之下,有一颗火热的心脏在跳动。

在2020年,我们就有采写殡仪工作的想法,但一直没能提上日程,明阳山殡仪馆馆长李宁的联系方式还一直存在手机里。面对此情此景,我们几位红网的同事商量,能否做一期明阳山的幕后报道？用殡仪馆人员的视角，讲述这几天发生的故事，他们看到这片馆内外的"花山人海"，有什么样的感受呢？

我们将采访意向与长沙市殡葬事务中心沟通后，中心领导欣然接受，并愿意配合。5月31日，我们几名记者前往明阳山殡仪馆，与长沙市殡葬事务中心主任黄智谋、明阳山殡仪馆副馆长石国建，进行了一场面对面的详细"复盘"。

我们围坐着聊了近两个小时，黄主任事无巨细地讲述了前些天来明阳山的情况：针对群众自发送行，殡仪馆如何紧急应对；在送袁老最后一程时，做了哪些工作……其中，记者意外得知了一个震撼细节：5月22日至24日，前来明阳山悼念的群众有30余万人次；25日至26日，从殡仪馆运走的悼念袁老的鲜花足足有32辆卡车！

黄主任告诉我们，鲜花容易腐烂，只能处理，而鲜花上附带的卡片全部被保存下来。卡片经整理后，一部分被湖南省农科院、湖南农业大学、长沙民政职业技术学院收留留存，一部分被殡仪馆留作纪念。

石馆长带我们到明阳厅，看馆内保存的部分卡片。我们注意到，明阳厅外的草坪被压得秃平，还能看见不少掉落的黄白色花瓣。原来，在悼念期间，明阳厅成了一片花海，走廊上的鲜花摆放了100多米长、2米多高。因鲜花太多，临时又被摆放到大厅台阶下方的草地上，把草全都压平了。

一旁的摄影记者拿着手机，将这一幕默默记录了下来。

采访过程中，黄主任感慨万千。他说，这些天来印象最深的是5月23日凌晨，他接到通知赶去单位。当时，殡仪馆门前的路上聚集了至少1万名群众，人数还在不断增加，道路两旁停满了不同省份的车辆。"我在明阳山工作7年，从没见过这样的景象。队伍很长，人很多，但现场非常安静，大家自觉排队、鞠躬送花，然后离开。真的很震撼，看着看着，我鼻子都发酸了。"

"当下的青年人，是中国年轻人最好的样子，也是充满希望的样子。"黄智谋说。而他的想法，也与我们的写作灵感不谋而合。

6月1日，红网发布了题为《30万群众现场悼念袁老 鲜花装满32卡车｜明阳山72小时》的图文+短视频报道。我们将采访得来的精彩信息、殡仪馆工作人员的所思所感、"一座城为一个人送行"的动情氛围……在这篇稿件中用细腻的笔触展现。

第二天，报道引起了强烈的关注和反响，微博话题热搜最高第四，阅读量达到1.3亿，红网微博视频播放量512万；抖音热榜第六，点击量达到4000万，点赞超千万；今日头条热榜第七。

报道能有点击量，因其主题正是人们时下最关注、牵挂的内容；能从一众相关报道中脱颖而出，则是从独家信息和表现形式取胜——切入特别的视角，在采访中捕捉新颖的细节，运用短视频扩大平台，再及时地传播出来，就成了一篇较为成功的独家报道。而一篇独家报道要真正产生好的社会反响，温情、温度不可缺。

明阳山的72小时、现场悼念袁老的30余万群众、装满32卡车的鲜花……这些不是冰冷的数字，也不是用来吸引眼球的关键词，而是一座城、一个国家、几代人的信仰与感动。

作者系红网记者

永远铭记,让一粥一饭倍思量

——潇湘晨报送别袁隆平报道稳得住、出得彩、传得开

康漫军

先生之风,山高稻长。如何记录?如何报道?如何告别?

潇湘晨报在操作过程中,强化互联网思维,以专业精神打造具有全国影响力、感人肺腑的融媒体精品,全方位多角度宣传,及时推送权威信息,缅怀逝者功勋,传递崇高精神。

抓住细节做文章,以真挚情感为线,精心制作短视频、文图、长音频、海报等多种形式作品,打通"报、网、端、抖、快、微"等各种资源,多个爆款带来全国影响力,自有新媒体平台总流量超过11亿,推动党心、民心与新闻报道高度同频共振。

强化互联网思维,稳得住

关键时刻稳得住辨得明,及时提供更多真实客观、观点鲜明的信息内容。

5月22日上午,很多媒体公众号发布袁隆平院士逝世消息,

朋友圈呈现刷屏状态。晨报始终保持谨慎态度，直到下午，袁隆平院士逝世消息确认无误后，在第一时间迅速发出权威消息，面对网上网下喷涌的悲伤情绪，晨报仔细甄别各种信息源，强化并灵活运用互联网思维，稳妥把握报道基调，积极引导舆论。

"我会将饭都吃光，不浪费粮食。"来自一名中学生写给袁老的信。"袁爷爷在我们每个人心中留下了一颗种子，我要以他为榜样，做一颗爱读书、爱劳动的好种子。"这是一名小学生的心声。袁老的"禾下乘凉梦"深深植根于国人心中。

23日，晨报推送报道《从此，一粥一饭倍思量》，稿件开篇大气、中间克制、结尾余韵，以更高的视角、更凝练的笔触，聚焦袁隆平留给我们的物质遗产和精神遗产开展报道，与读者情感产生强烈共鸣。

以短视频为抓手，出得彩

晨报秉持专业精神，从繁杂信息中选择、记录，抓住细节，见微知著，于平常处自然表达深厚情感，共情柔和，朴实无华却深入人心。

晨视频以"快、准、稳"全平台实时推送系列短视频作品。坐6个小时大巴来送袁老的85岁湖南农民、设计稻穗状烟花的湖南小伙、带来8000株免费菊花的志愿者、免费接送吊唁市民的长沙哥、为袁老带来气排球的群众……他们就是我们身边的每一个普通人。晨报选取最简单的画面，多角度体现长沙为袁老送行的群体画像，展现了长沙城为袁老一人"倾城而出"的动人场景。最直白的呈现，也最感人肺腑、直抵人心。网友纷纷留言送别袁老，表达不舍与敬意。

晨报抖音号单篇作品《为袁隆平理发18年的理发师曹小平：我还是无法接受这个消息 我一直都在等他回来》，曹小平短短几句话，几度哽咽，最是平常，却最是动人，视频播放量达到1.39亿，点赞427.3万。

连续三日，晨报纸质版头版统一设计，文字、版式、标题十分简洁，主标题《痛失国士》《痛悼国士》《痛别国士》以"痛"贯穿始终，传情达意，简洁而有力量。

多个爆款形成全国影响力，传得开

从精品到"爆款"，还需传播渠道的"加持"。

晨报纸质版、微博、微信、ZAKER潇湘、抖音号、快手号、头条号、百家号、企鹅号等全渠道立体式推送相关报道。

晨报抖音号"音容宛在 功勋永存 送别袁隆平先生"专集，共发布54集作品，总播放量3.6亿。晨报快手号作品总播放量1.7亿。晨报微博主持的多个话题登上新浪微博热搜榜，比如：话题"班主任带来了150封给袁爷爷的信" 总阅读量1.1亿，登上新浪热搜榜第七位；话题"前来吊唁的群众为袁老带来了气排球"总阅读量1.2亿，登上新浪热搜榜第五位。

一批融媒体爆款带来全国影响力，人民日报、央视新闻、参考消息、环球时报、新华日报等30多家权威媒体转载。人民日报转载晨报微博作品《小理发店再没等来老顾客袁隆平》，单篇微博阅读量1242万。人民日报依此主持微博话题"小理发店再没等来老顾客袁隆平"，总阅读量1.4亿，4000多人留言。

央视新闻公众号 24 日发布作品《今天，送别袁隆平院士》，注明综合潇湘晨报，内容让人泪目："有一种致敬是'不远千里，送您一程'；有一种缅怀是'感恩国士，吾辈奋进'；有一种纪念是'无以为报，光盘致敬'；有一种传承是'做好种子，为国为民'。"

梁启超曾经说"舆论者，天地间最大之势力也，未有能御者也"。此次宣传报道中，晨报在众多自媒体中，始终站在舆论场的前沿，有力有效引导舆论，有效提升长沙形象、湖南形象。

作者系潇湘晨报编辑

动情讲述各界缅怀
袁隆平院士的故事

易思含

在袁隆平院士逝世报道中,不同年龄段的人都有各自向袁老致敬的方式。

袁老说过,除了科研,最爱的是音乐。音乐给他带去美好和温暖,而他这一生,也像一本乐章一样,给我们希望,鼓励坚守梦想的年轻人,带给他们美好和温暖。

袁隆平院士逝世后,有许多年轻人表示,希望努力接过袁老的接力棒,按照袁老弹奏的"杂交水稻"这一曲乐谱,继续弹奏出希望的歌。

致敬袁老,继承遗志

不同年代的人们通过致礼的方式,来表达对袁老的敬重和敬爱。

学生群体,用一页页长长的文字,来表达对袁隆平院士的敬重。对于他们来说，袁隆平院士在田里观察水稻的照片，是他们对袁老的第一印象。这张照片出现在他们的课本里、老师的 PPT 里，还有纪录片的视频里。袁老的故事，陪伴着他们长大。一名落款为"一个深深落泪的普通学子"在信里提到，袁老是他塑造三观，寻找人生方向的一个标杆、一位偶像，在潜移默化中教会他感恩和做人。一位未署名的学生写道："我好像太晚懂爷爷辈的爱，我的爷爷是一个不太会说话的怪老头。每次回家或是给他打电话，他总反反复复和我讲，要吃饱肚子，不要饿着。明明我是一个小胖子了，他还是让我多吃点。我一直不太理解，可是好像在某个时刻能明白他了，现在我能感受到，面对'怕不怕中国人还会有挨饿的一天'这个问题时，袁爷爷您连续说两次不可能的分量了，杂交水稻，是您给世界的礼物。"

在长沙南站，许多出租车上闪耀着"停运"的标志，只为免费接送悼念袁老的全国人民。那一盏黄色的"停运"灯，点亮了他们对于袁隆平院士致敬的方式，也点亮了我们对于温暖有人情味的向真向美生活的期待。

一本沉甸甸的笔记本

5 月 26 日，在湖南杂交水稻研究中心整理悼念袁隆平院士的卡片内容时，有一本厚厚的笔记本格外显眼。

笔记本第一页留言是一位署名为"@有的人"的微博网友，笔记本里有 400 多条留言，都是由她分别手写在内。通过微博私信的方式，我联系到这位微博名为"@有的人"的网友。她叫喻盼，是一名教师。袁老逝世当天，喻盼看到微博里很多人都在表达哀思，于是发微博告诉大家，她可以帮助大家代写哀思，一并带给袁爷爷。4个多小时的时间，网友不断在评论区发送留言。在5月23日凌晨3点44分，喻盼将所有留言拍照分别发给各位网友。

她说，这份用心的背后，带有着一份她的私心。喻盼在文字里记录到："我的爷爷和袁爷爷在外貌上有一些相似，都是瘦瘦的，让我看到袁爷爷就会想起我的爷爷。没能见到爷爷最后一面是我的遗憾，没能把心里对爷爷的爱告诉他。今天，我将对爷爷的思念和对您的敬仰寄托在一起，希望通过只言片语表达我未曾表达的情谊和思念。"

逐梦不止，传承精神

"我们会好好吃饭、好好学习，接过您的接力棒，为国作奉献。"

围绕着衣食住行，我们这代人，已经有了非常多的选择。尤其是吃，今天吃什么，怎么吃，吃得好不好，是我们每一天都会思考的问题。在精致的餐点包裹下，我们始终明白每一碗米饭的分量。

袁老属马，马不停蹄的马，一马当先的马。在袁老90岁高龄的时候，他还依旧在"禾下乘凉梦"与"杂交水稻覆盖全球梦"中探索。"人就像种子，要做一粒好种子"是袁老常说的话，他用一生为这句话写下注脚，也让这句话在我们心里有稻穗般的厚重感。

  执着地追求，坚定的信念，帮助更多的人，是袁老一生的坚守。2019年9月29日，袁隆平院士被授予"共和国勋章"。正是因为有了像袁老一样心里装满了国、装满了家的人，我们才会感到更多的暖意，感到更多的心安。

作者系潇湘晨报编辑

"播下稻种"刷屏背后，是制作团队的深情送别

陈 彦

5月22日上午，微博上一则"袁隆平去世"的消息，如平地一声雷，我始终记得在看到这条消息的时候，大脑一片空白。

基于新闻素养，我们没有去传播假消息，第一时间去核实了新闻源，也第一时间开始了报道准备。

中午，悲恸的消息传来。虽已有预感，但心还是忍不住一紧：我们敬爱的袁老，真的走了。当日值班的编辑团队立即启动了"紧急策划"。

此时，全国媒体的报道如潮水般涌来，"追忆袁老""回顾袁老生平"……如何在信息轰炸的当下，找一条突破口？

团队的想法很简单，以己及人，对于常年"追星"袁隆平的媒体人而言，袁老就是我们的亲人，此刻我们非常需要的，是有一个致敬国士、纾解情绪的渠道。我们决定制作一款互动类H5，让网友可以在网上自发献花哀悼袁老。

致敬缅怀 巨星陨落

"杂交水稻之父"、中国工程院院士、"共和国勋章"获得者
袁隆平
（1930-2021）

红网·时刻新闻

  袁老是"杂交水稻之父"，他这一生都在为稻田里的种子不懈钻研。袁老生前在写给妈妈的信中以及多个公开场合都提到了种子。他用一粒种子改变了中国，影响了世界。引导网友"播下稻种"，以此纪念这位为我们吃饭作出巨大贡献的老人。

  互动H5发布时，距离袁老去世消息发布，刚过去四个小时。看似速成的一个作品《互动H5丨播下稻种，致敬袁老》，是编辑团队每一个成员带着敬意、用心用情制作完成的。H5发布一小时超10万人参与，发布三小时超100万人参与，当看

到朋友圈里很多想不起来身份的人都在刷屏转发时，我知道我们做了一件很有意义的事，我们的作品是被网友需要的。最终全网共有超过880万人一起参与"播种"致敬，这是最好的怀念。

5月22日晚，社会各界人士自发前往长沙明阳山殡仪馆悼念送别，根据袁隆平院士丧事从简的遗愿和当时疫情防控形势，为了有序引导民众网上悼念，我们决定当晚推出"网上悼念厅"。

苍生怀国士，"云端"寄哀思。一束鲜花，一根蜡烛，音容笑貌犹存！

自5月22日"网上悼念袁老"呼吁发布以来，超2300万网友在红网时刻新闻进行缅怀，表达对袁隆平院士的无尽哀思和无限致敬。

而作为"重要报道窗口"的湖南媒体——红网在这一非常之战中始终坚定扛起权威发布、有序引导、服务人民的职责使命，一大批共情共鸣的报道脱颖而出。

经此一役，感触良多。袁老的卓越贡献和人格魅力，润泽着长沙、湖南，乃至整个中国。在参与报道的过程中，他的精神也在无声传承，心中是什么，作品就是什么。

作者系红网长沙站副站长

在重大突发事件中挖掘典型报道的突围路径

程放军

2021年5月22日,"杂交水稻之父"袁隆平院士离我们而去。虽然时隔几个月了,但是这些镜头时常在笔者脑海里翻腾,这位践行初心使命、逐梦前行、不断攀登科学高峰的"共和国勋章"获得者,在笔者内心引起的震撼,久久难以忘怀。

袁隆平院士逝世,事发突然,又逢双休日。作为地方党报的《长沙晚报》,在用好新华社电稿的同时,充分发挥自身优势,挖掘本土和本报元素,精准判断、即时策划,大胆决策、精心调度,全力以赴、精心采编,采用大报眉、大特稿、大评论、大标题、大图片、诗歌散文、绘本、视频和图文直播等方式,以真挚的情感和媒体融合的创新形式,全方位、多视角、深层次地报道了各界群众悼念袁隆平和缅怀他的卓越功勋,有力有效引导舆论。

精准判断，打有准备的应急战

5月22日中午1时07分，袁隆平院士在长沙逝世。随后，湖南日报新湖南客户端播发了《"杂交水稻之父"袁隆平逝世》的消息，笔者立即通知长沙晚报掌上长沙转发。与此同时与执行总编辑一起完善报道方案，明确"痛失、痛悼、痛别"的报道基调，充分发挥移动端实时、立体、互动等优势，在长沙晚报掌上长沙开辟专题集纳，滚动播发前、后方记者采写的新闻。下午3时，长篇通讯《袁隆平院士走了，他的伟大成就我们永久铭记》，配袁老生前工作照片在掌上长沙首发，各方媒体转发。

5月22日下午，长沙晚报拍摄了市民自发"十里长街送袁老"的动人画面，近距离摄录了最为感人的"袁爷爷，一路走好！"的音视频。视频产品《车鸣呜咽，人声悲泣！长沙市民用最真诚的方式送别袁隆平》《最后看一眼杂交稻！袁隆平灵车绕国家杂交水稻工程技术研究中心一周》，极富感染力和影响力，多角度又及时、准确地反映市民自发送别袁老的深情，近2亿网民观看，留言达28万条，当天抖音平台单条视频访问量排全网第三，视频号单条播放次数380万、转发达10万+。当天晚上，掌上长沙开通了"音容宛在，功勋永存！我为袁隆平院士献上一朵花"网络吊唁厅。

《长沙晚报》打破常规，精心编排的三个专版都是大图片、大标题，面目一新，十分震撼。连续3天共刊载14个版报道，真实地反映出袁隆平院士在人民心中的崇高地位，也体现了长沙这座英雄之城对英雄楷模的无比崇敬，对科学家精神的热爱追求。

以情动人，注重细节

在缅怀袁隆平的报道中，长沙晚报守正创新，选择与内容主题契合的最佳形式充分表达，挖掘现场细节和生前袁老工作、生活细节，以情动人，彰显了重大典型报道的社会意义，力求实现最大的传播效果。

文字记者捕捉到悼念现场各种细节，写就长篇通讯《鲜花送给敬爱的袁院士》见报于24日头版，催人泪下。影像新闻部记者驻守在献花现场，拍摄了海量的视频和照片，其中不乏多细节、构图好又写意的好作品，如《市民为袁老送来一把小提琴》的新闻照片一见网就被众媒体和网友转发。又如视频产品《往返不收一分钱！长沙的哥自发组织免费接送吊唁群众》，独家首发，反映了长沙市民的文明素质和对袁老的不舍情怀。情感表达往往能使报道更丰满。参与此次报道的记者以前大都采访过袁隆平，他们从袁隆平生前的同事、学生、市民和外省赶来悼念的群众等各方面入手，捕捉感人的细节，采写出了大量生动、真实、有说服力的感人肺腑的新闻作品。面对如潮水般涌来的现场留言，笔者安排记者用一天一晚的时间摘录近2万条留言发回编辑部，编辑选录了几十条并分类整理于25日见报整版《炊烟，是飘自人间的眷恋》，版式设计素雅，图片寓意深长，细节处令人动容。

5月24日、25日连续在重要版面推出评论员文章，从长沙全城送别袁老的动人场景出发，挖掘出长沙敬仰英雄、崇尚科学的城市气质，文字饱含情感，提炼出鲜明的主题：学习是最好的缅怀、传承是最好的纪念，进一步简述袁隆平走了，他给世人留下的不只是一粒神奇的种子，更是一座精神的丰碑。5月25日，推出整版新闻绘本《禾下乘凉梦　一稻一人生》，11幅手绘作品一笔一画勾勒出袁隆平院士的生命历程，画面温暖精致，配合走心的有细节有故事细腻感人的脚本，致敬"杂交水稻之父"袁隆平，引发众多网友转发。5月24日的《长沙晚报》"橘洲"副刊，刊发国内权威作家以诗歌或以散文方式表达缅怀之情的作品，以另一种致敬袁老的形式引起了广大受众的共鸣。

做有心人，用好本报本土元素

《长沙晚报》历来重视科技报道，而袁老一生的主要科研场所锁定在长沙。晚报记者一代接一代，将镜头对准了他，倾尽笔墨报道他的科研历程。为了当好深奥复杂的科技内容与普通大众阅读需求之间的最佳"翻译"，记者们将杂交稻的高产原理、实验过程等吃得透透的，再转换成自己的语言讲给读者听，如此便有了袁老"铁粉"N枚，跟随他走南闯北，田间地头说得头头是道。

要在突发新闻中挖掘重大典型报道，考验的是应急能力和新闻发现力。而这种能力的培养，要有"无中生有"的智慧，需要平时的日积月累，充分利用本报本土元素，做生活中的有心人。

袁老说过"你们年轻人不知道，肚子饿起来真难受"。笔者自1999年开始共采访过袁隆平10多次。第一次采访就是写的袁隆平的"两个梦"，从这次报道起笔者开始收集《长沙晚报》刊发袁老的报道，共收集整理了198篇，包括版面都存了档。

袁老逝世当天，笔者翻开一张张记录历史、记录时代的晚报，关于袁隆平和他的杂交水稻研究的点点滴滴一一展现在眼前。从初始找到三粒金种子到用60个陶钵做试验，从亩产的不断攀升到种植面积的不断扩大，试验地点从湖南到海南甚至东南亚、非洲的轮转到袁隆平荣获首届国家最高科学技术奖、"共和国勋章"和8117号小行星被命名为"袁隆平星"的高光时刻，还有全国经销商来长求购杂交水稻种子排起长队、一种难求的现场再现，均见诸报端。

袁隆平逝世当天，这些报道帮助笔者立即拿出了深切缅怀袁隆平的报道方案。笔者还把这些报道和版面分别发给相关记者，立即整理出了袁隆平生平年表包括科研成果和重大荣誉、袁隆平在《长沙晚报》上的金句，每一个金句都在见网见报时标注了报道日期。影像部整理袁老照片时，笔者从这些报道中找到了相应的图片说明。利用本报元素，笔者还挖掘出了《我还欠"米神"一只"丰收箩"》等一批报道的线索，而挖掘出的袁隆平年表和金句等独家报道，在袁老逝世当天就见网首发，并被各大媒体采用和转发。

作者系长沙晚报社编委

"致敬袁隆平"新闻报道的特色

徐新平

最近，我对湖南主要媒体和央媒关于袁隆平逝世的相关报道在网上进行了浏览，感觉这是一次共同发力、规模空前、内容丰富、效果显著的报道活动。

"致敬袁隆平"新闻报道呈现以下特色：

一是报道的时间及时、集中和持续。5月22日袁隆平院士去世的当天，各大媒体和平台就及时报道了袁院士病逝的消息和长沙市民自发地悲痛送行的感人场景。5月24日，红网有一篇报道《国士无双，巨星陨落——舆论痛悼"国之脊梁"袁隆平》，全面介绍了中央和地方、国内和国外媒体对袁院士的悼念与评价。从5月22日到6月上旬，有关袁隆平的报道一直不断。这在一位科学家去世之后的新闻报道中是绝无仅有的，而湖南的主流媒体在这次报道中发挥了主角和骨干作用。

二是报道数量和报道形式之多是同类报道中首屈一指的。粗略统计：湖南日报和新湖南客户端、红网在几天之内发表的消息、通讯和评论就分别达到20余篇。长沙晚报在袁隆平去世的5月

22号当天，发表的有关袁隆平的文字报道有20多篇。还有多家媒体推出了不少短视频，其中湖南日报的"新湖南抖音号"短视频62个、潇湘晨报56个，长沙晚报"掌上长沙"短视频38个，红网21个，"长沙发布抖音号"6个。形成了媒体共同发声、宣传形式多样的传播格局，有效地扩大了袁隆平事迹与精神的传播力和影响力。

三是报道内容全面、可读性强，效果显著。综观相关报道，主要是四个方面的内容：一是袁院士逝世和追悼会等消息；二是各级领导人悼念国士、慰问家属的消息；三是广大群众自发的悼念活动；四是对院士丰功伟绩和精神品格的追忆与评价。这些报道全面立体地展示了袁院士的精神风貌和他在人们心目中的崇高形象，收到了突出宣传英雄、引导舆论、激励后学的效果。

新湖南客户端5月25日刊发的《送别袁老的队伍里，有青年最好的样子》一文说："以什么样的人为榜样，这是青年人要面对的成长话题。一段时间来，社会公众尤其是青少年心目中的崇拜偶像发生了非常令人担忧的偏移。为我们撑起发展脊梁的科学家、实业家，往往不被人关注，娱乐明星、网红主播却轻易成为顶流常客。让人欣慰的是，这种风气已引起社会高度关注并开始纠偏。"

四是表现了媒体自觉的策划意识。例如湖南日报·新湖南客户端从22日开始推出"精神永在，致敬袁老"系列评论，到24日共发表了12篇评论；时刻新闻、新湖南分别开设"音容宛在 功勋永存"专题；长沙晚报5月22日推出"那些年我们报道过的袁隆平"专题，旧文新刊，选择过去发表过的10多篇文章再现袁隆平工作和生活的足迹；红网推出《悼念袁隆平》专栏；等等。这些系列评论、专题和专栏都是新闻机构主动策划出来的，体现了强烈的职业责任意识、新闻敏感和创新策划能力，也说明在媒介竞争日趋激烈的新形势下，新闻工作者在专业素养方面适应时代和人民需要的新变化。

五是平易朴实、真切生动的文风。媒体刊发的文章无论是记录广大群众悼念活动的感人场面还是追怀袁院士往昔生活中的感人事迹，无论是叙写他一生追梦的生动故事还是歌颂和评价他的巨大贡献与高尚品质，呈现出来的总体文风是：平易朴实、真切生动。有许多文章内容具体、文笔生动，令人印象深刻。

习近平总书记在2020年9月主持召开的科学家座谈会上指出，"科学家精神是科技工作者在长期科学实践中积累的宝贵精神财富"；党中央出台的《关于进一步弘扬科学家精神加强作风和学风建设的意见》明确提出，科学家精神是"胸怀祖国、服务人民的爱国精神，勇攀高峰、敢为人先的创新精神，追求真理、严谨治学的求实精神，淡泊名利、潜心研究的奉献精神，集智攻关、团结协作的协同精神，甘为人梯、奖掖后学的育人精神"。这是科学家精神的共性，媒体在阐释袁隆平精神的时候，基本上以此为依据。但袁隆平精神除了共性之外，还有自己的个性，应该提炼和概括出来，使其易记易学，入脑入心。

作者系湖南师范大学新闻与传播学院教授

后 记

2021年5月22日，"共和国勋章"获得者、"杂交水稻之父"袁隆平院士因病在长沙逝世。袁老逝世，举国哀悼，全球致敬。报道文章如潮似浪，汇聚成一曲感天动地的新时代英雄颂歌。7月23日，中共湖南省委宣传部举行"致敬袁隆平院士"新闻研讨座谈会，邀请部分中央媒体驻湘机构、省直媒体单位负责人和记者以及新闻界部分专家学者，深切缅怀袁老卓著功勋，追思和学习他为党和人民事业不懈奋斗的科学精神、崇高风范，同时也对"致敬袁隆平"新闻现象进行了深入探讨与交流。座谈会提出遴选部分新闻报道和纪念文章，结集出版《永远的袁隆平》。

本书内容共分四个部分："赤子远行"，遴选了袁隆平院士逝世、社会各界悼念的部分新闻报道；"山河长忆"，遴选了媒体刊发社会各界缅怀袁隆平院士的部分追忆文章；"精神永恒"，遴选了媒体关于袁隆平院士精神风范的部分评论言论；"新闻回望"，主要收录了"致敬袁隆平院士"新闻研讨座谈会上部分新闻工作者参与袁隆平逝世新闻报道的亲身感怀。

缅怀袁隆平院士的报道和评论浩如烟海，本书采撷的只是其中一朵浪花，这些报道与民众同心共情，体现了新时代水准，彰显了融合传播成效，可以说是新闻工作者践行新闻"四力"的生动答卷。期望透过这些精彩报道与评论，进一步深化人们对袁老的怀念感戴之情，进一步激发人们常怀感恩之心，奋进新征程，建功新时代。

人民日报、新华社、中央广播电视总台、光明日报、经济日报、中国日报、中新社、湖南日报、湖南卫视、红网、潇湘晨报等新闻媒体，提供了大量优质报道稿件，湖南日报提供了许多精美而宝贵的配图。省委宣传部常务副部长蒋祖烜直接推动、全程具体指导了本书的编辑出版工作，省委宣传部新闻处积极组织协调，湖南人民出版社精心编辑出版。在此，一并致谢。

编者

2021 年 6 月 6 日